Engenharia de Prompt

Engenharia de prompt, reverting prompt e RAG

Elzo Brito dos Santos Filho

Para Olívia e Francisco... Meus Amores!

Dados Internacionais de Catalogação na Publicação (CIP)
(Câmara Brasileira do Livro, SP, Brasil)

Santos Filho, Elzo Brito dos
   Engenharia de prompts [livro eletrônico] :
prompts que funcionam : maximizando a inteligência
artificial com engenharia de prompt / Elzo Brito
dos Santos Filho. -- 1. ed. -- São Paulo :
Ed. do Autor, 2024.
   ePub

   ISBN 978-65-01-03432-4

   1. Engenharia 2. Inovação tecnológica
3. Inteligência artificial 4. Internet (Rede de
computadores) 5. Web - Internet e sociedade -
Comportamento de uso I. Título.

24-208474   CDD-621.399

Índices para catálogo sistemático:

1. Inteligência artificial : Engenharia   621.399

Aline Graziele Benitez - Bibliotecária - CRB-1/3129

EXPLORANDO O POTENCIAL DOS LLMS

Este livro oferece uma exploração empolgante no mundo dos modelos de linguagem de última geração, como o notável GPT-4o. Nas próximas páginas, vamos descobrir várias estratégias e técnicas destinadas a aproveitar ao máximo esses modelos. Você pode aplicar cada técnica individualmente ou em combinação, ampliando as possibilidades para otimizar o uso dessas ferramentas avançadas. Experimentar é fundamental – encorajo você a testar e personalizar essas táticas para encontrar o que melhor se adapta às suas exigências.

Muitos dos exemplos e aplicações que discutiremos demonstram todo o seu potencial com o ChatGPT, Claude, Gemini, Copilot para geração de textos e Dall-e3, Imagem 3 e Flux1 para imagens. Ao virar cada página, você será guiado por caminhos que revelam como extrair o máximo dessas tecnologias avançadas. Este não é apenas um manual, mas um mapa para navegar no complexo e intrigante território da inteligência artificial

Importante: Você deve usar prompts semelhantes no ChatGPT, Microsoft Co-pilot, Gemini, Claude ou qualquer outra ferramenta de IA conversacional. Esta abordagem universal funciona bem em diferentes plataformas, ajudando a obter respostas mais precisas e úteis. Independentemente da ferramenta de IA que você escolha, a forma como você estrutura seus prompts terá um impacto significativo na qualidade das respostas geradas. Portanto, as técnicas e estratégias que discutiremos são aplicáveis de maneira ampla e podem melhorar a interação com qualquer modelo de linguagem de última geração.

Além disso, é crucial lembrar que este livro é uma construção contínua. As edições futuras podem conter novas informações, técnicas atualizadas e estratégias adicionais para aproveitar ao máximo os avanços nos modelos de linguagem de IA. Portanto, mantenha-se atualizado com as edições mais recentes para garantir que você está utilizando as práticas mais eficazes e atuais.

UTILIZAÇÃO DOS MODELOS

Ao longo deste livro, a tecnologia será utilizada como uma ferramenta criativa e analítica por meio de Modelos de Linguagem de grande porte (LLMs), permitindo a geração de textos, análise de documentos e planilhas, e criação de imagens. Esses modelos contribuirão para a escrita de diálogos, descrições e cenas, garantindo coesão narrativa e possibilitando uma exploração criativa mais fluida. Além disso, os LLMs serão fundamentais na interpretação de dados e na criação de imagens a partir de descrições textuais, proporcionando uma integração entre texto e visual. O objetivo é explorar as possibilidades oferecidas por essas tecnologias, unindo a criatividade humana à inovação digital para enriquecer a narrativa e criar uma experiência de leitura envolvente.

INTRODUÇÃO À ENGENHARIA DE PROMPTS

A engenharia de prompts envolve a criação de instruções claras e específicas para obter respostas úteis e precisas de modelos de linguagem. Os prompts são comandos ou perguntas que você insere em um modelo de linguagem para gerar uma resposta. Eles são essenciais porque a qualidade e precisão das respostas do modelo dependem diretamente da clareza e especificidade dos prompts fornecidos. Considere como você utiliza a linguagem no seu cotidiano. A linguagem serve a múltiplos propósitos: construir conexões, expressar opiniões ou explicar ideias. Às vezes, você pode querer usar a linguagem para incentivar respostas específicas. Nesses casos, a formulação das suas palavras pode influenciar as respostas. O mesmo se aplica ao interagir com uma ferramenta de IA conversacional através de uma pergunta ou solicitação.

DEFINIÇÃO E IMPORTÂNCIA DOS PROMPTS

Um prompt é uma entrada de texto que fornece instruções ao modelo de IA sobre como gerar uma saída. Por exemplo, um proprietário de uma papelaria pode desejar que um modelo de IA forneça novas ideias para organizar melhor seus itens de material escolar. Este proprietário pode escrever o prompt: "Eu tenho uma papelaria, me ajude a ideias como organizar melhor os meus itens de material escolar."

Inicialmente, era mais rápido realizar algumas tarefas sem usar IA. Primeiramente, você descobrirá como os grandes modelos de linguagem (LLMs) geram saída em resposta a prompts e, em seguida, explorará o papel da engenharia de prompts na melhoria da qualidade da saída.

A engenharia de prompts é a prática de desenvolver prompts eficazes que obtenham saídas úteis de IA generativa. Você aprenderá a criar prompts claros e específicos, uma das partes mais importantes da engenharia de prompts. Quanto mais claro e específico for o seu prompt, maior a probabilidade de obter uma saída útil. Outra parte crucial da engenharia de prompts é a iteração. Você aprenderá a avaliar a saída e revisar seus prompts, ajudando-o a obter os resultados necessários ao usar ferramentas de IA conversacional no local de trabalho. Também exploraremos uma técnica específica de prompts chamada "few-shot prompting." Escrever prompts eficazes envolve pensamento crítico e criatividade, e pode ser um processo divertido e é uma habilidade essencial para usar IA de forma eficaz no ambiente de trabalho.

FUNCIONAMENTO DOS LLMS (GRANDES MODELOS DE LINGUAGEM)

É fundamental entender como os LLMs funcionam e estar ciente de suas limitações. Um grande modelo de linguagem, ou LLM, é um modelo de IA treinado em vastas quantidades de texto para identificar padrões entre palavras, conceitos e frases, gerando respostas para prompts. Esses modelos são treinados em milhões de fontes de texto, incluindo livros, artigos, sites e mais. Esse treinamento permite que o modelo aprenda os padrões e relações presentes na linguagem humana. Em geral, quanto mais dados de alta qualidade o modelo recebe, melhor será seu desempenho. Os LLMs podem prever a próxima palavra em uma sequência de palavras. Considere a frase incompleta "Em São Paulo, quando chove, o trânsito...". Um LLM pode prever a próxima palavra calculando as probabilidades com base nos dados disponíveis. A palavra "para" pode ter uma alta probabilidade de ser a próxima palavra, enquanto "piora" teria uma probabilidade menor, e "melhora" uma probabilidade extremamente baixa.

Um LLM pode variar em sua resposta ao mesmo prompt cada vez que você o utiliza. Eles usam estatísticas para analisar as relações entre todas as palavras em uma sequência e calcular as probabilidades para milhares de palavras possíveis. Essa capacidade preditiva permite que os LLMs respondam a perguntas e solicitações, seja para completar uma frase simples ou desenvolver uma história para um novo produto ou campanha publicitária.

DESAFIOS E LIMITAÇÕES DOS LLMS

Apesar do poder dos LLMs, nem sempre se obtém a saída desejada. Isso pode ocorrer devido a limitações nos dados de treinamento do LLM, que podem conter viés. Esses dados podem incluir artigos de notícias e sites que refletem preconceitos presentes na sociedade. Por exemplo, um LLM pode ser mais propenso a associar uma ocupação profissional a um gênero específico. Além disso, os dados de treinamento podem ser limitados de outras maneiras, como a falta de informações suficientes sobre um determinado tópico.

Outro fator é a tendência dos LLMs de gerar "alucinações", ou seja, saídas que não são verdadeiras. Um LLM pode fornecer informações incorretas sobre detalhes específicos. Vários fatores contribuem para alucinações, como a qualidade dos dados de treinamento, a formulação do prompt ou o método de análise do texto. Devido às limitações dos LLMs, é crucial avaliar criticamente a saída gerada, verificando se é factual, imparcial e relevante para sua solicitação.

LLMs são ferramentas poderosas que requerem orientação humana para uso eficaz. Compreender suas limitações ajuda a alcançar os melhores resultados. Para escrever prompts que produzam saídas úteis, a qualidade do que você insere afeta significativamente a qualidade do que você obtém.

IMPORTÂNCIA DE NÃO FAZER SUPOSIÇÕES E AVALIAR A VERACIDADE DAS INFORMAÇÕES

É importante não fazer suposições sobre as capacidades de um LLM. Por exemplo, só porque ele produziu uma saída de alta qualidade para um relatório técnico, não presuma que obterá a mesma qualidade se usar o mesmo prompt novamente no futuro. Além disso, lembre-se que um LLM é um gerador de textos aleatórios com base em um contexto, o que significa que a veracidade das informações geradas nem sempre pode ser garantida. Portanto, é essencial verificar a precisão e a confiabilidade das informações fornecidas pelo LLM, especialmente para decisões críticas ou conteúdo sensível.

LLMs são ferramentas poderosas que exigem orientação humana para uso eficaz. Estar ciente das limitações de um LLM pode ajudá-lo a alcançar os melhores resultados possíveis. Como você pode escrever prompts que produzam saídas úteis? Trate como verdade que a qualidade do que você insere afeta muito a qualidade do que você obtém.

Esse é o universo que se abrirá à medida que a obra se desenvolve. Cada página será uma síntese do antigo e do novo, onde as palavras, os dados e as imagens se entrelaçam em um único tecido narrativo. Em um tempo em que a tecnologia avança rapidamente, este livro se propõe a explorar não apenas as possibilidades técnicas dos LLMs, mas também as implicações criativas e emocionais que eles trazem. Assim, convidamos o leitor a embarcar nesta jornada onde a tecnologia não substitui o humano, mas se une a ele para criar algo verdadeiramente inovador.

O PROCESSO DE COMUNICAÇÃO COM LLMS

CODIFICAÇÃO E DECODIFICAÇÃO

O processo básico de comunicação envolve a codificação e a decodificação. O codificador é a pessoa que envia a mensagem, enquanto o decodificador é quem a recebe. Imagine o codificador como um autor que molda seus pensamentos em palavras, enquanto o decodificador é o leitor que interpreta essas palavras. No nosso caso, o decodificador é o LLM (Large Language Model), que interpreta os prompts que digitamos.

MODELOS DE COMUNICAÇÃO

O modelo de comunicação linear, frequentemente associado a Aristóteles, é um dos conceitos mais fundamentais e históricos em estudos de comunicação. Este modelo é caracterizado pela sua simplicidade e natureza unidirecional. Segundo esse modelo, a comunicação consistia em três elementos básicos:

- Falante (Orador) - a pessoa que está emitindo a mensagem.
- Mensagem - o conteúdo ou a informação que o falante deseja transmitir.

- Ouvinte (Audiência) - a pessoa ou grupo que recebe a mensagem.

ESTRATÉGIAS DE ENGENHARIA DE PROMPT

Considere cozinhar como uma analogia. Quando você prepara o jantar com ingredientes frescos e de alta qualidade, as chances de produzir uma refeição excelente são maiores. Por outro lado, se você estiver faltando um ingrediente ou se os ingredientes não forem de alta qualidade, a refeição resultante pode não ser tão boa. Da mesma forma, a qualidade do prompt que você insere em uma ferramenta de IA conversacional determina a qualidade da saída gerada. É aí que entra a engenharia de prompts. A engenharia de prompts envolve criar o melhor prompt possível para obter a saída desejada de um LLM. Isso inclui escrever prompts claros e específicos que forneçam contexto relevante.

PRINCÍPIOS DA ENGENHARIA DE PROMPTS

Criar prompts claros e específicos aumenta a probabilidade de obter saídas úteis. A iteração é crucial: avaliar e revisar prompts para melhorar os resultados.

Existem várias maneiras de aproveitar as capacidades dos LLMs no trabalho para aumentar a produtividade e a criatividade. Uma das maneiras mais comuns é a criação de conteúdo.

Você Pode Usar Um Llm Para:

- **Criação de conteúdo:** usar LLMs para gerar emails, planos, ideias, etc.

- **Sumarização:** LLMs podem resumir documentos longos em pontos principais.

- **Classificação:** classificar sentimentos em avaliações de clientes.

- **Extração:** transformar dados textuais em formatos estruturados, como tabelas.

- **Tradução e Edição:** traduzir textos e ajustar o tom para diferentes públicos.

- **Resolução de Problemas:** gerar soluções para desafios no local de trabalho.

O PAPEL DOS TOKENS NA ENGENHARIA DE PROMPTS

INTRODUÇÃO AOS TOKENS

No universo de processamento de linguagem natural (PLN) e modelos de linguagem multimodais (LLMs), os tokens desempenham um papel fundamental. Eles são as unidades básicas de entrada que um modelo utiliza para processar e compreender dados textuais, e em alguns casos, também outros formatos como imagens e áudio. O conceito de tokens pode parecer simples à primeira vista, mas sua importância está profundamente enraizada na forma como os modelos de IA, como GPTs, convertem linguagem humana em algo que possa ser processado computacionalmente. Neste capítulo, vamos explorar os diferentes tipos de tokens, suas funções em modelos de linguagem e como eles afetam a engenharia de prompts.

O CONCEITO DE TOKENS

Tokens são segmentos menores que dividem um texto maior em partes manipuláveis. Em um modelo de linguagem como o GPT, uma frase como "O gato está saltando sobre o tapete" é quebrada em partes menores (tokens) para facilitar o processamento. Esses tokens podem ser palavras inteiras ou até partes de palavras, dependendo do modelo.

O | gato | está | salt | ando | sobre | o | tap | ete.

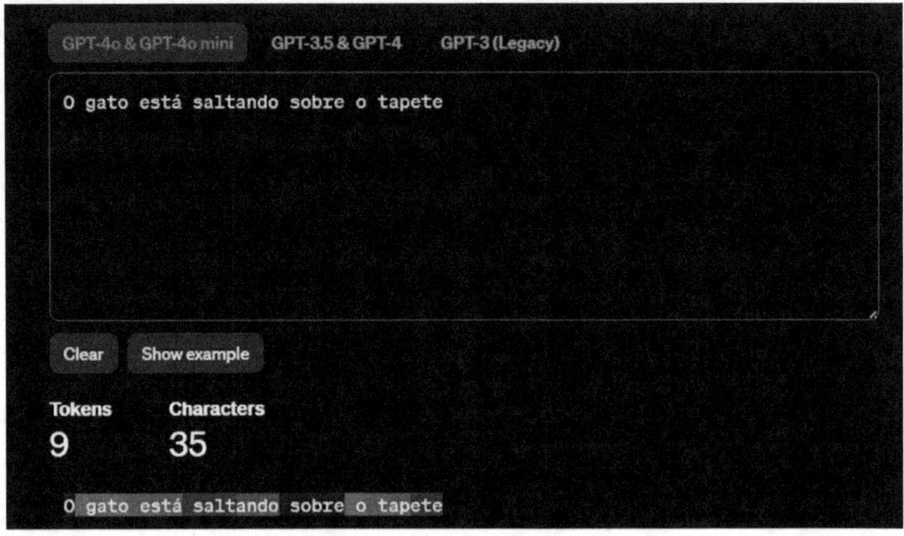

Em geral um token corresponde a letras ou 0,75% de uma palavra, e isso pode variar de modelo para modelo.

A tokenização é o processo pelo qual o texto de entrada é dividido nesses pedaços. A maneira como isso é feito depende do algoritmo de tokenização que o modelo usa. Em alguns casos, como com o Byte Pair Encoding (BPE), as palavras são desmembradas em suas raízes e afixos ou em subpalavras, o que ajuda o modelo a lidar com palavras raras ou incomuns.

TIPOS DE TOKENS

A engenharia de prompts precisa levar em consideração os diferentes tipos de tokens que podem ser processados por um modelo. Abaixo estão os principais tipos de tokens usados em LLMs multimodais, juntamente com exemplos e explicações sobre sua importância.

Tokens Lexicais

Os tokens lexicais representam palavras ou partes de palavras. Eles são os mais comuns e constituem a base de qualquer entrada textual. Em muitos casos, cada palavra é transformada em um token, mas, dependendo do comprimento da palavra ou da complexidade da linguagem, uma palavra pode ser dividida em vários tokens.

Exemplo: A frase "gato correu" pode ser dividida nos tokens [gato], [correu].

Na engenharia de prompts, garantir que o número de tokens esteja dentro dos limites do modelo é essencial, pois exceder esse número pode truncar ou ignorar partes do prompt.

Tokens De Pontuação

Tokens de pontuação capturam símbolos de pontuação, como ponto final, vírgula e ponto de interrogação. Estes tokens ajudam a estruturar o texto, fornecendo informações sobre a gramática e a entonação pretendida.

Exemplo: "Olá, tudo bem?" pode ser tokenizado como [Olá], [,], [tudo], [bem], [?].

Tokens De Controle

Tokens de controle são usados para indicar limites ou fornecer instruções específicas ao modelo de linguagem. Em muitos casos, eles são usados para sinalizar o início ou o fim de uma sequência ou para separar diferentes modalidades de entrada.

Exemplo: [CLS] O gato está no telhado [SEP].

Em modelos multimodais ou em interações complexas com o modelo, os tokens de controle ajudam a organizar o fluxo de informação, indicando onde uma modalidade termina e outra começa.

Tokens De Espaço Em Branco

Tokens de espaço em branco representam os espaços entre palavras. Embora pareçam triviais, esses tokens desempenham um papel importante na preservação do formato original de uma frase, que pode impactar a interpretação do modelo.

Exemplo: "gato correu" pode ser representado como [gato], [ ], [correu].

A engenharia de prompts deve levar em consideração o uso correto de espaços, especialmente em contextos de resposta natural, onde a estrutura precisa ser mantida para garantir a coerência.

Tokens Semânticos

Tokens semânticos são aqueles que capturam o significado subjacente das palavras ou frases. Esses tokens são cruciais para que o modelo reconheça que termos diferentes podem compartilhar significados semelhantes em certos contextos.

Exemplo: Palavras como "automóvel", "carro" e "veículo" podem ser agrupadas em um mesmo token semântico.

Durante a elaboração de prompts, utilizar sinônimos ou variações pode ajudar a evitar repetições desnecessárias e garantir que o modelo capture o significado pretendido sem ambiguidade.

Tokens Especiais Multimodais

Tokens especiais multimodais são aqueles usados para indicar a inclusão de modalidades diferentes, como imagens ou áudio, em uma sequência textual. Eles são usados para instruir o modelo sobre como tratar diferentes tipos de entradas.

Exemplo: [IMG] foto_de_gato.png [IMG] O gato está na janela.

Estes tokens são particularmente úteis em LLMs multimodais, como os que integram texto com imagens, permitindo que o modelo entenda quando deve processar um dado visual ou sonoro junto ao conteúdo textual.

Tokens Fonéticos

Tokens fonéticos representam os sons das palavras, em vez de sua forma escrita. Esses tokens são usados principalmente em modelos que trabalham com reconhecimento ou síntese de fala.

Exemplo: A palavra "gato" pode ser representada foneticamente como /g/, /a/, /t/, /o/.

Eles são úteis em sistemas que combinam fala e texto, permitindo uma transição fluida entre o reconhecimento de fala e a geração de texto.

Tokens De Embedding Multimodal

Os embeddings multimodais não são exatamente tokens, mas vetores numéricos que representam dados em diferentes modalidades (imagens, áudio, etc.). Esses vetores são integrados ao modelo para que ele possa processar entradas de várias formas.

Exemplo: Uma imagem de um gato é convertida em um vetor de embedding, que pode ser representado no modelo como

[IMG_EMBED].

Em prompts que envolvem múltiplas modalidades, como texto e imagem, esses embeddings desempenham um papel crucial na forma como o modelo integra e processa informações visuais e textuais.

A IMPORTÂNCIA DOS TOKENS NA ENGENHARIA DE PROMPTS

Compreender os diferentes tipos de tokens e como eles influenciam o comportamento do modelo é essencial para a engenharia eficaz de prompts. Cada token consome uma parte da capacidade de processamento do modelo, então a escolha cuidadosa de palavras, pontuação e estruturas sintáticas é crucial para maximizar a eficiência do prompt.

Ao elaborar prompts para LLMs multimodais, a consideração de tokens multimodais e a correta utilização de tokens de controle e especiais garantem que o modelo interprete corretamente diferentes tipos de dados, como imagens, texto ou áudio. Isso permite a construção de sistemas mais sofisticados e interativos, capazes de entender e gerar conteúdos ricos em múltiplas formas de comunicação.

Tokens E Custos: Impacto Econômico

Além do impacto técnico, os tokens também têm um impacto financeiro direto no uso de modelos de linguagem avançados, como o GPT-4o e o GPT-4o mini. Cada interação com esses modelos consome tokens, e o custo de operação dos modelos é calculado com base no número de tokens processados.

Por exemplo, no GPT-4o mini, o custo é de $0.150 por milhão de tokens de entrada e $0.600 por milhão de tokens de saída. Isso significa que quanto mais tokens o seu prompt e a resposta do modelo consumirem, maior será o custo.

No caso de modelos multimodais, como o GPT-4o-audio-preview, os custos aumentam significativamente para tokens relacionados a áudio, com preços de até $100 por 1 milhão de tokens de entrada e $200 por 1 milhão de tokens de saída.

Esses números mostram a importância de otimizar o número de tokens usados em um prompt. Prompts longos ou mal estruturados podem resultar em custos muito mais altos do que o necessário. Saber dividir as solicitações em prompts eficientes e concisos pode reduzir o consumo de tokens e, consequentemente, os custos operacionais.

Além disso, os tokens cacheados podem reduzir pela metade o preço de processamento em alguns casos, como em solicitações repetidas. Em modelos como o GPT-4o, o custo para tokens cacheados pode ser tão baixo quanto $1.25 por milhão de tokens de entrada.

Ao planejar o uso desses modelos, uma compreensão clara dos tipos de tokens e seu impacto nos custos é essencial para maximizar os benefícios enquanto se minimizam as despesas.

** OS VALORES FORAM COLETADOS NO SITE DA OPENAI EM 19/10/2024 E ELES PODEM SOFRER VARIAÇÕES AO LONGO DO TEMPO **

ORGANIZANDO INFORMAÇÕES COM PLACEHOLDERS: UMA FERRAMENTA ESSENCIAL EM MODELOS DE LINGUAGEM

Em interações com assistentes de IA baseados em modelos de linguagem, como na condução de tarefas complexas ou diálogos prolongados, pode surgir a necessidade de armazenar informações temporárias e acessá-las posteriormente. Para resolver isso de maneira eficiente, surge a técnica dos PlaceHolders, que permite organizar e gerenciar dados ao longo de uma conversa ou sessão interativa.

Neste capítulo eu quero apresentar o que são os **PlaceHolders**, como utilizá-los para organizar suas interações e como essa técnica pode melhorar a eficiência e fluidez em diálogos complexos, independentemente do modelo de linguagem que você esteja usando.

O Que São Placeholders?

PlaceHolders funcionam como *"variáveis"* dentro de uma interação com um modelo de linguagem. Eles permitem que você armazene informações temporárias — como nomes, números, instruções ou perfis — para que possam ser recuperadas e reutilizadas mais tarde. Essa funcionalidade facilita o fluxo de conversas mais complexas e ajuda a evitar a repetição desnecessária de dados.

Imagine que você precise de uma forma prática de guardar um conjunto de informações durante a interação e, em algum momento futuro, resgatá-las rapidamente sem precisar repetir todo o contexto. Isso é exatamente o que os PlaceHolders permitem.

Eles são especialmente úteis em conversas ou interações mais longas, onde pode ser necessário referenciar dados específicos várias vezes. Com PlaceHolders, você pode *"guardar"* esses dados e acessá-los sempre que necessário, simplificando o processo e mantendo a organização.

Usando Placeholders

A utilização de PlaceHolders é bastante intuitiva, e sua implementação pode variar ligeiramente de uma plataforma para outra. No entanto, o conceito básico é o mesmo: você cria um PlaceHolder, armazena uma informação e a utiliza quando precisar. Vamos explorar como isso funciona:

Criando um PlaceHolder: Para armazenar uma informação, você cria um PlaceHolder e insere o dado que deseja guardar. Por exemplo, se você quiser armazenar o valor **"Elzo"** em um PlaceHolder chamado *{nome}*, poderia dar o seguinte comando:

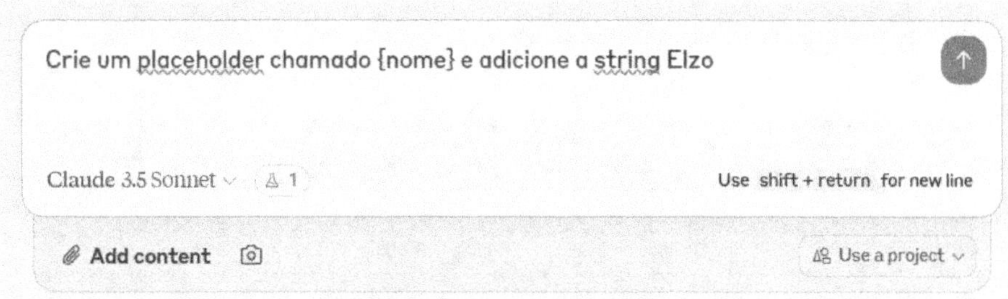

Ao executar o comando a saída será algo parecido om isso:

Aqui está o código para criar um placeholder chamado {nome} e adicionar a string "Elzo":

```python
placeholder = "{nome}"
resultado = placeholder.replace("{nome}", "Elzo")
print(resultado)
```

Este código fará o seguinte:

1. Cria uma variável `placeholder` com o valor "{nome}".

2. Usa o método `replace()` para substituir "{nome}" por "Elzo" e armazena o resultado na variável `resultado`.

3. Imprime o `resultado`.

Quando executado, este código produzirá a saída:

```
Elzo
```

Gostaria que eu explicasse alguma parte específica deste código ou que fizesse alguma modificação?

Depois de criado você pode usar o PlaceHolder em seus prompts:

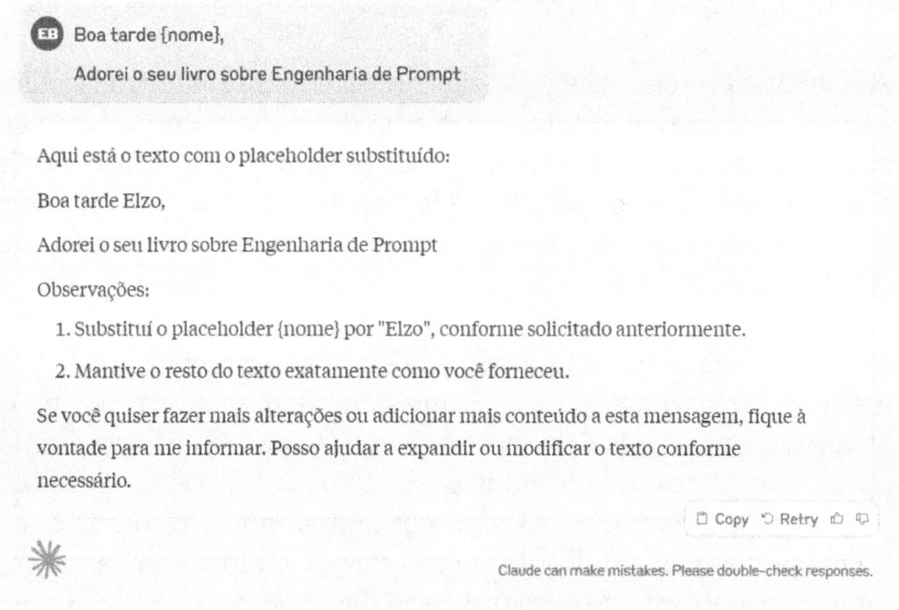

As Vantagens De Utilizar Placeholders

Agora que já entendemos como os PlaceHolders funcionam, é importante explorar as vantagens práticas que essa técnica oferece, especialmente em interações mais longas ou em tarefas que requerem organização detalhada.

Persistência de dados: As informações armazenadas em um PlaceHolder permanecem disponíveis durante toda a interação. Isso significa que você pode referenciar o mesmo dado várias vezes sem precisar inseri-lo novamente. Para conversas longas ou tarefas que requerem múltiplas etapas, essa persistência é extremamente útil.

Melhor organização: PlaceHolders ajudam a estruturar a conversa de forma mais clara e eficiente. Em vez de ter que digitar repetidamente informações ou lidar com a perda de dados, você simplesmente as armazena uma vez e as chama conforme necessário. Isso também reduz a possibilidade de erros ou inconsistências ao longo da interação.

Flexibilidade: PlaceHolders são incrivelmente versáteis. Eles podem armazenar diferentes tipos de dados, como strings, números ou até estruturas mais complexas, como perfis personalizados. Isso permite adaptar o uso dos PlaceHolders a diferentes tipos de tarefas ou interações, sejam simples ou sofisticadas.

Aplicação Avançada: Armazenando Perfis e Instruções
Além de armazenar dados simples, uma das aplicações mais poderosas dos PlaceHolders é a capacidade de armazenar perfis completos ou conjuntos de instruções personalizadas. Isso é especialmente útil em contextos onde o modelo de linguagem precisa adotar diferentes papéis ou fornecer respostas especializadas com base em um perfil de usuário.

Por exemplo, imagine que você está criando um perfil para um sommelier de vinhos. Com um PlaceHolder, você pode armazenar todas as informações necessárias para que o assistente de IA assuma o papel de sommelier e forneça sugestões e descrições detalhadas sobre vinhos. Veja como isso pode ser feito:

Carregue o perfil delimitado pela tag **<sommelier></sommelier>** no placeholder chamado **{sommelier}**:

<sommelier>

Você é um sommelier especializado em vinhos. Sua função é sugerir harmonizações, descrever características de vinhos e oferecer recomendações personalizadas com base no gosto do cliente.
</sommelier>

Agora, o PlaceHolder **{sommelier}** armazena todas as informações necessárias para que o assistente adote o papel de sommelier durante a interação. Sempre que o usuário precisar de uma recomendação de vinho ou de uma descrição detalhada de um rótulo, basta acessar o perfil armazenado e o assistente estará pronto para fornecer uma resposta adequada.

Vamos usar esse exemplo de forma pratica:

 Carregue o perfil delimitado pela tag <sommelier></sommelier> no placeholder chamado {sommelier}:

<sommelier> Você é um sommelier especializado em vinhos. Sua função é sugerir harmonizações, descrever características de vinhos e oferecer recomendações personalizadas com base no gosto do cliente. </sommelier>

Entendido. Carreguei o perfil de sommelier especializado em vinhos no placeholder {sommelier}. Estou pronto para assumir esse papel e oferecer sugestões de harmonização, descrever características de vinhos e fazer recomendações personalizadas com base nas preferências do cliente. Como posso ajudar com vinhos hoje?

 {sommelier} faça uma sugestão de vinho para servir com uma Carbonara

Certamente! Para acompanhar uma deliciosa Carbonara, sugiro um vinho branco italiano com boa acidez e corpo médio. Uma excelente opção seria um Pecorino da região de Abruzzo, na Itália central.

O Pecorino é um vinho branco seco feito com a uva de mesmo nome. Ele tem características que combinam perfeitamente com a Carbonara:

1. Acidez: A acidez do vinho ajuda a cortar a gordura do bacon e do molho cremoso da Carbonara.

2. Corpo médio: Tem estrutura suficiente para não ser dominado pelo prato, mas não é tão pesado a ponto de sobrecarregar o paladar.

3. Notas aromáticas: Apresenta aromas de frutas cítricas, maçã verde e um toque de ervas, que complementam os sabores da Carbonara.

4. Mineralidade: O caráter mineral deste vinho combina bem com o queijo Pecorino Romano usado no prato.

Se não encontrar um Pecorino, outras opções que harmonizam bem incluem:

- Um Verdicchio dei Castelli di Jesi da região de Marche

- Um Gavi da região do Piemonte

- Um Vermentino da Sardenha

Todos esses vinhos têm características semelhantes que os tornam excelentes companheiros para a Carbonara: boa acidez, corpo médio e notas frutadas e minerais que realçam os sabores do prato.

Esse método é extremamente útil para usuários que precisam alternar entre diferentes papéis ou perfis especializados durante uma única interação. Perfis para consultores, assistentes de atendimento ao cliente ou especialistas em várias áreas podem ser facilmente armazenados e ativados conforme necessário.

Placeholders Em Sistemas Personalizados De Ia

Quando se trata de criar sistemas personalizados baseados em modelos de linguagem, os PlaceHolders se tornam uma ferramenta indispensável. Eles permitem que você organize diferentes funcionalidades, perfis ou fluxos de trabalho de maneira eficiente e elegante. Em vez de sobrecarregar o modelo com múltiplas instruções ou entradas, os PlaceHolders permitem que cada funcionalidade seja armazenada separadamente e ativada apenas quando necessário. Essa abordagem também facilita a manutenção e a expansão do sistema. Novas funcionalidades ou perfis podem ser adicionados de forma modular, sem necessidade de alterar a lógica principal do sistema. Isso torna a adaptação do assistente de IA a diferentes contextos e necessidades uma tarefa mais simples e eficaz. Por exemplo, em um sistema de suporte técnico, perfis de especialistas em diferentes áreas — como hardware, software ou redes — podem ser armazenados em PlaceHolders separados. Assim, o assistente pode alternar rapidamente entre esses perfis conforme as necessidades do usuário mudam ao longo da interação, oferecendo respostas mais precisas e personalizadas.

COMO FORNECER EXEMPLOS OU CONTEXTOS ESPECÍFICOS

Embora os Grandes Modelos de Linguagens (LLMs) como o ChatGPT, Copilot e Gemini e Claude possa ter acesso à internet, eles não estão imunes a produzir respostas que podem ser criações do próprio modelo. Este fenômeno é relevante mesmo com a habilidade de acessar informações online. A probabilidade de gerar respostas invenções aumenta ao lidar com consultas sobre assuntos pouco comuns, citações exatas ou URLs específicas. É fundamental, portanto, usar essas ferramentas com consciência de suas capacidades e limitações.

Assim como um navegador GPS pode ajudar um motorista a chegar ao seu destino, fornecer texto de referência para esses modelos pode ajudar a orientar suas respostas e reduzir a probabilidade de invenções. Este texto de referência pode incluir detalhes contextuais, exemplos específicos ou informações de fundo que podem ajudar o modelo a entender melhor a pergunta e fornecer uma resposta mais precisa.

Por exemplo, se você está perguntando ao modelo sobre um tópico complexo de física quântica, fornecer algum contexto ou detalhes adicionais pode ajudar o modelo a gerar uma resposta mais informada. Da mesma forma, se você está pedindo ao modelo para analisar um poema, fornecer o texto do poema pode ajudar o modelo a fornecer uma análise mais precisa.

É fundamental lembrar que, mesmo com textos de referência, os modelos de linguagem apresentam limitações e podem não fornecer respostas totalmente precisas ou completas para todas as perguntas. Além disso, os LLMs (Modelos de Linguagem de Grande Escala) podem gerar informações imprecisas ou tendenciosas se não forem adequadamente calibrados e supervisionados. Por isso, é sempre aconselhável utilizar esses modelos como ferramentas de apoio e confirmar as informações em fontes confiáveis, especialmente quando a precisão e a atualidade são essenciais.

A verificação das informações geradas por modelos de linguagem é crucial por diversos motivos. Primeiramente, esses modelos são treinados em grandes conjuntos de dados que podem conter informações desatualizadas, incorretas ou enviesadas. Sem uma validação adequada, há o risco de propagar erros ou desinformação. Isso é particularmente preocupante em áreas sensíveis, como saúde, direito ou finanças, onde decisões baseadas em informações imprecisas podem ter consequências graves.

Além disso, os modelos de linguagem não possuem entendimento consciente ou senso crítico; eles geram respostas com base em padrões estatísticos presentes nos dados de treinamento. Portanto, podem reproduzir preconceitos ou estereótipos existentes nesses dados. A verificação humana é essencial para identificar e corrigir tais problemas, garantindo que as informações sejam não apenas precisas, mas também éticas e imparciais. Outro aspecto importante é a evolução constante do conhecimento. Novas descobertas científicas, mudanças legais e avanços tecnológicos ocorrem regularmente, e modelos de linguagem podem não refletir essas atualizações se não forem treinados com dados recentes. Verificar as informações em fontes atualizadas assegura que decisões e opiniões sejam baseadas no conhecimento mais recente.

A prática de verificar as informações também promove um

uso responsável da inteligência artificial. Ela encoraja usuários a serem críticos e conscientes das limitações tecnológicas, contribuindo para o desenvolvimento de soluções mais robustas e confiáveis no futuro. Educar usuários sobre a importância da verificação ajuda a mitigar a disseminação de informações falsas e aumenta a confiança nas ferramentas de IA.

DIVIDA TAREFAS COMPLEXAS EM SUBTAREFAS

Para tarefas em que muitos conjuntos independentes de instruções são necessários para lidar com casos diferentes, pode ser benéfico primeiro classificar o tipo de consulta e usar essa classificação para determinar quais instruções são necessárias. Isso pode ser alcançado definindo categorias fixas e instruções de codificação que são relevantes para lidar com tarefas em uma determinada categoria. Esse processo também pode ser aplicado recursivamente para decompor uma tarefa em uma sequência de estágios. A vantagem dessa abordagem é que cada consulta conterá apenas as instruções necessárias para executar o próximo estágio de uma tarefa, o que pode resultar em taxas de erro mais baixas em comparação com o uso de uma única consulta para executar toda a tarefa.

A decomposição de problemas complexos em subtarefas menores é uma estratégia eficaz para lidar com desafios intrincados. Isso não apenas torna o problema mais gerenciável, mas também permite uma abordagem mais focada para resolver cada componente. Vamos explorar isso em detalhes:

Identificação de Subtarefas: O primeiro passo é identificar as subtarefas que compõem a tarefa complexa. Isso pode envolver a análise da tarefa como um todo e a identificação dos componentes individuais que a compõem.

Priorização de Subtarefas: Uma vez identificadas as subtarefas, elas podem ser priorizadas com base em fatores como sua complexidade, o tempo necessário para concluí-las e sua importância para a tarefa geral.

Atribuição de Recursos: Com as subtarefas identificadas e priorizadas, os recursos podem ser alocados de maneira eficaz. Isso pode envolver a atribuição de diferentes subtarefas a diferentes membros da equipe, ou a alocação de tempo e recursos para cada subtarefa.

Execução e Monitoramento: As subtarefas são então executadas de acordo com o plano. É importante monitorar o progresso de cada subtarefa para garantir que ela esteja sendo concluída conforme o esperado.

Revisão e Ajuste: Após a conclusão das subtarefas, é útil revisar o processo e fazer quaisquer ajustes necessários para futuras tarefas complexas. Isso pode envolver a análise de quais partes do processo funcionaram bem e quais podem precisar de melhorias.

Ao dividir tarefas complexas em subtarefas, facilitamos o processamento pelo modelo e melhoramos a precisão dos resultados. Isso não apenas torna o problema mais gerenciável, mas também permite uma abordagem mais focada para resolver cada componente. Esta estratégia é uma ferramenta poderosa para lidar com desafios complexos e pode ser aplicada em uma variedade de contextos, desde a resolução de problemas técnicos até a gestão de projetos.

Tarefa Principal:
Criar um desenho de um cachorro

Vamos a identificação das subtarefas:

Subtarefa 1: Ilustrar a estrutura externa do cachorro (pelagem, orelhas, cauda).

Subtarefa 2: Mostrar os aspectos internos, como esqueleto e órgãos principais.

Subtarefa 3: Destacar características específicas de uma raça selecionada.

Subtarefa 4: Usar cores e rótulos para diferenciar cada parte anatômica.

Subtarefa 5: Incluir informações sobre funções biológicas e comportamentais.

Cachorro

Pior prompt: "Desenho de um cachorro."

Melhor prompt: *"Ilustre um cachorro detalhadamente, mostrando sua estrutura externa (pelagem, orelhas, cauda) e características internas (esqueleto, órgãos principais). Destaque características específicas de uma raça escolhida, como tamanho, forma do focinho e cor da pelagem. Utilize cores diferentes para diferenciar cada parte anatômica e adicione rótulos claros. Inclua uma breve descrição das funções biológicas e comportamentais típicas dessa raça de cachorro."*

Anatomia de um Cachorro

Para ilustrar o cachorro siga os seguintes passos:

Subtarefa 1: Ilustrar a estrutura externa do cachorro (pelagem, orelhas, cauda).

Subtarefa 2: Mostrar os aspectos internos, como esqueleto e órgãos principais.

Subtarefa 3: Destacar características específicas de uma raça selecionada.

Subtarefa 4: Usar cores e rótulos para diferenciar cada parte anatômica.

Subtarefa 5: Incluir informações sobre funções biológicas e comportamentais

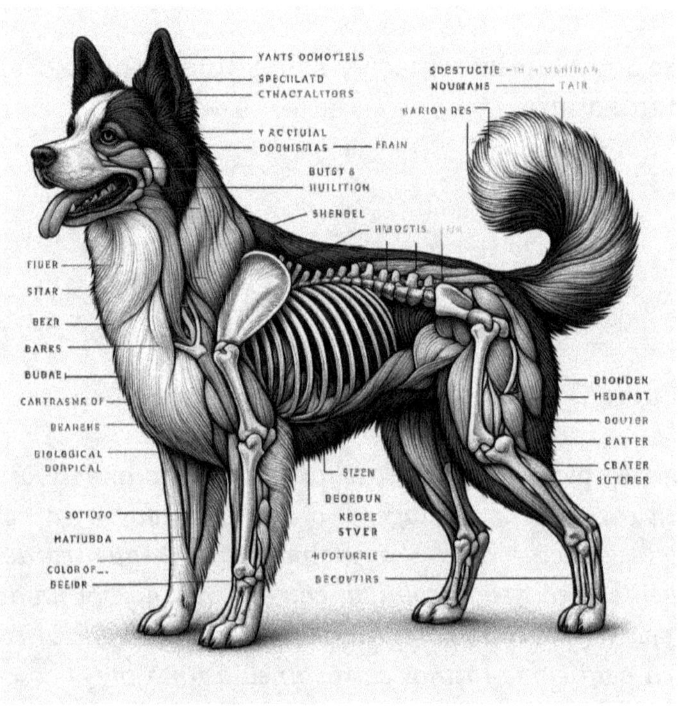

Smartphone

Pior: "Desenho de um smartphone."

Melhor: *"Crie um diagrama detalhado de um smartphone, mostrando tanto o exterior (tela, botões, câmeras) quanto os componentes*

internos (placa-mãe, bateria, processador). Destaque as funções de conectividade como Wi-Fi e Bluetooth. Utilize cores distintas para cada componente e adicione rótulos explicativos. Inclua uma descrição das funções principais de cada componente, assim como do sistema operacional e interfaces de usuário."

Estrutura de um Smartphone

Subtarefa 1: Desenhar o exterior do smartphone (tela, botões, câmeras).

Subtarefa 2: Ilustrar os componentes internos (placa-mãe, bateria, processador).

Subtarefa 3: Destacar as funções de conectividade (Wi-Fi, Bluetooth).

Subtarefa 4: Usar rótulos para cada componente e explicar sua função.

Subtarefa 5: Descrever o sistema operacional e interfaces de usuário.

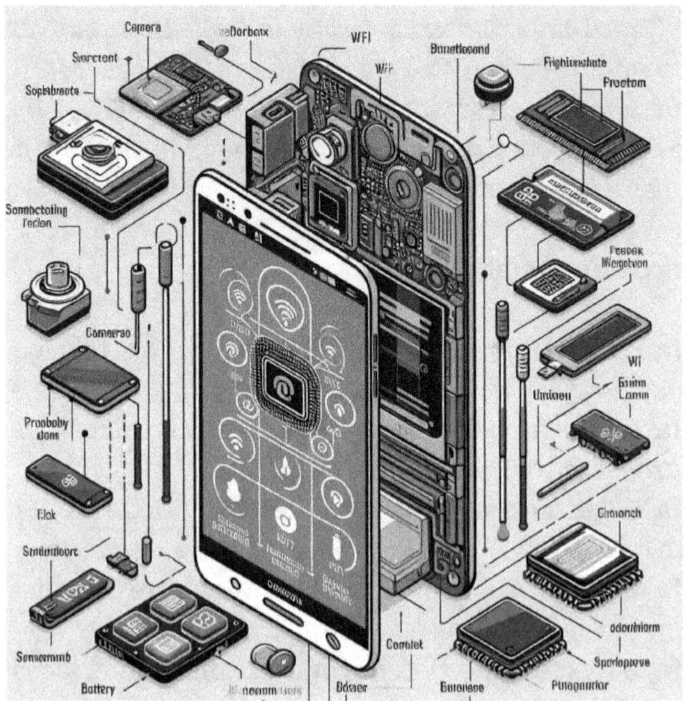

Árvore

Pior: "Imagem de uma árvore."

Melhor: *"Desenhe uma árvore detalhadamente, mostrando suas partes principais como tronco, galhos e folhas, bem como o sistema radicular. Ilustre os processos de fotossíntese e respiração. Use cores diferentes para cada parte da árvore e adicione rótulos. Forneça informações sobre a espécie da árvore, características de suas folhas, flores e frutos (se aplicável), e seu habitat natural."*

Estrutura de uma Árvore

Subtarefa 1: Mostrar as partes principais da árvore (tronco, galhos, folhas).
Subtarefa 2: Ilustrar o sistema radicular e suas funções.
Subtarefa 3: Destacar os processos de fotossíntese e respiração.

Subtarefa 4: Usar cores e rótulos para diferenciar cada parte.
Subtarefa 5: Incluir informações sobre a espécie da árvore e seu habitat.

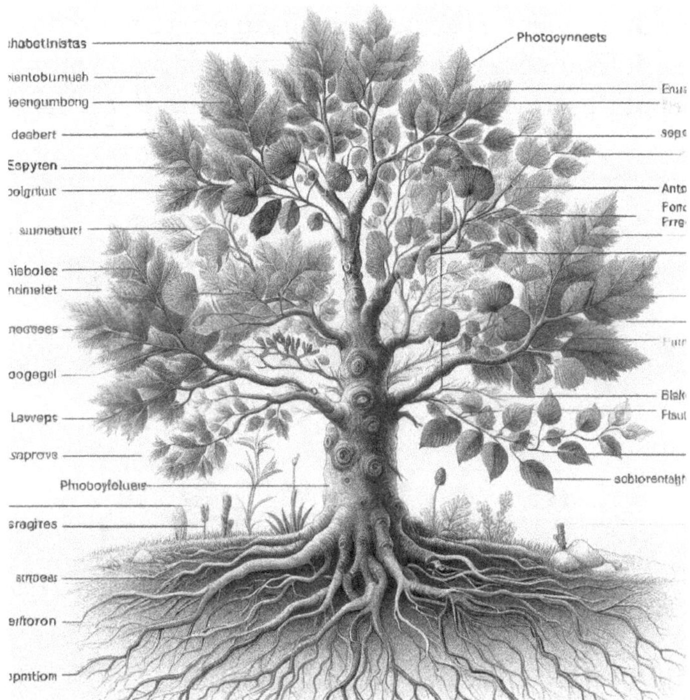

Olho Humano

Pior: "Desenho de um olho humano."

Melhor: *"Elabore um diagrama detalhado do olho humano, incluindo a estrutura externa (íris, pupila, esclera) e as partes internas (córnea, lente, retina, nervo óptico). Explique o processo de visão e percepção de cores. Utilize cores distintas e rótulos para cada parte do olho. Inclua uma descrição das condições comuns que afetam a visão, como miopia e astigmatismo, e suas causas."*

Anatomia do Olho Humano

Subtarefa 1: Desenhar a estrutura externa do olho (íris, pupila, esclera).

Subtarefa 2: Ilustrar as partes internas (córnea, lente, retina, nervo óptico).

Subtarefa 3: Explicar o processo de visão e percepção de cores.

Subtarefa 4: Usar cores e rótulos para cada parte do olho.

Subtarefa 5: Descrever condições comuns que afetam a visão.

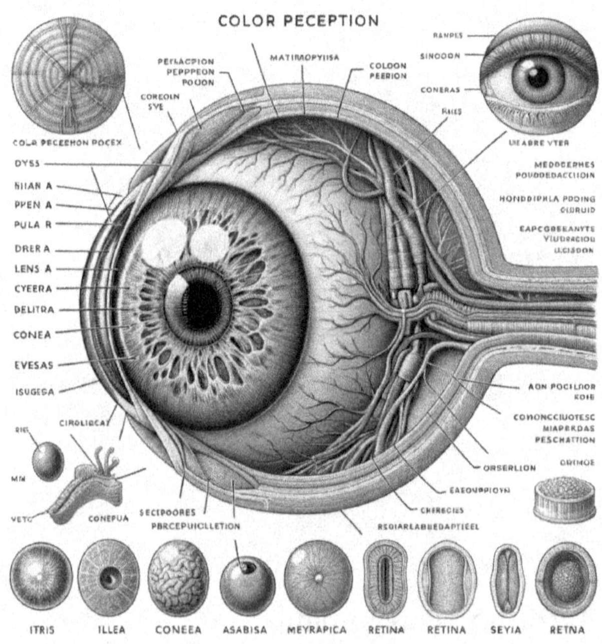

Sorvete

Pior: "Imagem de um sorvete."

Melhor: *"Desenhe um sorvete em detalhes, mostrando os ingredientes básicos (leite, açúcar, essências) e o processo de mistura e congelamento. Exiba diferentes sabores e coberturas, usando cores e* *texturas para representar a variedade. Adicione rótulos indicando os sabores e ingredientes. Inclua informações sobre técnicas de servir e apresentação, como taças, cones e decorações usadas para realçar a aparência do sorvete."*

Preparação de Sorvete

Subtarefa 1: Ilustrar os ingredientes básicos do sorvete (leite, açúcar, essências).
Subtarefa 2: Mostrar o processo de mistura e congelamento.
Subtarefa 3: Exibir diferentes sabores e coberturas.
Subtarefa 4: Usar rótulos para indicar sabores e ingredientes.
Subtarefa 5: Incluir informações sobre técnicas de servir e apresentação.

COMPARAÇÃO DE FORMATOS DE PROMPTS: JSON, YAML, XML E ASPAS TRIPLAS

No desenvolvimento de prompts em modelos de linguagem, como o GPT-4, Gemini, Claude ou Copilot, a forma como as instruções são fornecidas ao modelo é crucial para a obtenção de resultados precisos e eficientes. Diferentes formatos de prompts podem influenciar na interpretação e na qualidade das respostas geradas. Vamos analisar e comparar quatro formatos de prompts: JSON, YAML, XML e Aspas Triplas, através de uma série de testes e situações variadas, para determinar qual deles apresenta melhor desempenho geral.

Tipos De Prompts

Antes de iniciarmos a análise, vamos entender brevemente cada tipo de prompt:

JSON (*JavaScript Object Notation*): É um formato leve de troca de dados, fácil para humanos lerem e escreverem e fácil para máquinas interpretarem e gerarem.

```
{
 "prompt": {
  "instruction": "Gere uma história curta sobre amizade.",
  "details": {
   "length": "100 palavras",
   "tone": "leve"
  }
 }
}
```

YAML (*YAML Ain't Markup Language*): Um formato de serialização de dados amigável para humanos, utilizado frequentemente em arquivos de configuração.

```
instruction: "Gere uma história curta sobre amizade."
details:
 length: "100 palavras"
 tone: "leve"
```

XML (*eXtensible Markup Language*): Uma linguagem de marcação que define um conjunto de regras para codificação de documentos em formato que é legível tanto para humanos quanto para máquinas.

```
<prompt>
    <instruction>Gere uma história curta sobre amizade.</instruction>
  <details>
    <length>100 palavras</length>
    <tone>leve</tone>
  </details>
</prompt>
```

Aspas Triplas: Um formato simples que utiliza aspas triplas para delimitar o texto, frequentemente usado em linguagens de programação para strings multilinhas.

"""

Gere uma história curta sobre amizade.
Tamanho: 100 palavras
Tom: leve
"""

METODOLOGIA DO TESTE

Para avaliar a eficácia de cada formato de prompt, foram realizados testes em diferentes situações, abrangendo desde tarefas simples até estruturas mais complexas. Os testes consideraram tanto a interpretação pelo modelo quanto a legibilidade humana, especialmente para usuários com diferentes níveis de familiaridade com os formatos.

Critérios De Avaliação

Precisão da Resposta: O quão bem o modelo interpretou o prompt e atendeu aos requisitos solicitados.

Legibilidade Humana: Facilidade com que uma pessoa pode ler e entender o prompt.

Complexidade da Sintaxe: Avaliação de quão complicada é a sintaxe para escrever e manter o prompt.

Propensão a Erros: Probabilidade de ocorrerem erros na escrita ou interpretação do prompt devido à sua estrutura.

Cada situação recebeu uma pontuação de 1 a 5 para cada formato de prompt, sendo 5 a melhor pontuação.

RESULTADOS DOS TESTES

Teste 1: Geração de História Curta sobre Amizade
Objetivo: Gerar uma história curta sobre amizade com 100 palavras e tom leve.

Formato	Pontuação	Comentários
JSON	5	Interpretação correta, história adequada ao comprimento e tom solicitados.
YAML	5	Funcionou de forma eficaz, história alinhada com os requisitos.
XML	4	Interpretado corretamente, mas a história ultrapassou ligeiramente o limite de palavras.
Aspas Triplas	4	Instruções seguidas, mas a falta de estrutura levou a algumas ambiguidades no tom.

Teste 2: Resumo de um Artigo Científico
Objetivo: Resumir um artigo sobre inteligência artificial em 200 palavras, usando linguagem acessível.

Formato	Pontuação	Comentários
JSON	5	Tradução precisa, mantendo a terminologia técnica correta.
YAML	5	Tradução fiel ao texto original, com termos técnicos adequados.
XML	3	Alguns termos técnicos foram traduzidos incorretamente.
Aspas Triplas	4	Tradução boa, mas houve inconsistências em termos especializados.

Teste 3: Tradução de Texto Técnico
Objetivo: Traduzir um texto técnico do inglês para o português, mantendo a terminologia especializada.

Formato	Pontuação	Comentários
JSON	5	Tradução precisa, mantendo a terminologia técnica correta.
YAML	5	Tradução fiel ao texto original, com termos técnicos adequados.
XML	3	Alguns termos técnicos foram traduzidos incorretamente.
Aspas Triplas	4	Tradução boa, mas houve inconsistências em termos especializados.

Teste 4: Geração de Código Simples
Objetivo: Escrever uma função em Python que calcula a média de uma lista de números.

Formato	Pontuação	Comentários
JSON	5	Código gerado corretamente, funcional e eficiente.
YAML	5	Código preciso e sem erros, atendendo à solicitação.
XML	2	Código com erros de sintaxe, possivelmente devido à interpretação incorreta do prompt.
Aspas Triplas	4	Código funcional, porém sem otimizações ou verificações adicionais.

Teste 5: Criação de Lista de Tarefas
Objetivo: Criar uma lista de tarefas priorizada para o dia.

Formato	Pontuação	Comentários
JSON	5	Lista organizada corretamente por ordem de prioridade.
YAML	5	Tarefas listadas com prioridades bem definidas.
XML	3	A ordem de prioridade não ficou clara na saída.
Aspas Triplas	4	A ordem de prioridade não ficou clara na saída.

Teste Adicional: Legibilidade Humana
Objetivo: Avaliar a legibilidade dos prompts para uma pessoa leiga, em diferentes níveis de complexidade.

Situação Simples
JSON: Pontuação 5. Estrutura clara com chaves e colchetes, fácil compreensão.

YAML: Pontuação 4. Sintaxe limpa, mas a ausência de delimitadores pode causar confusão.

Situação Complexa

JSON: Pontuação 3. Estrutura hierárquica compreensível, mas visualmente denso.

YAML: Pontuação 2. Indentação profunda e falta de delimitadores dificultam a leitura.

ANÁLISE DOS RESULTADOS

Desempenho Geral

JSON e YAML obtiveram as melhores pontuações nos testes, demonstrando eficácia na interpretação pelo modelo e clareza nas instruções.

Aspas Triplas tiveram desempenho satisfatório em tarefas simples, mas mostraram limitações em situações que exigiam maior especificidade.

XML apresentou dificuldades, especialmente em tarefas complexas, possivelmente devido à sua sintaxe mais verbosa e suscetível a erros.

Legibilidade Humana

JSON: Apresenta uma estrutura clara, com delimitadores que facilitam a compreensão, mesmo por leigos.

YAML: Embora seja mais conciso, a dependência da indentação pode confundir leitores menos experientes, especialmente em estruturas complexas.

Aspas Triplas: Simples e direto, mas a falta de estrutura pode levar a ambiguidades.

XML: Sintaxe pesada e menos intuitiva, o que pode dificultar a leitura e escrita manual.

Recomendações

Para Desenvolvedores: Adote o JSON como formato padrão para prompts complexos, especialmente quando a clareza e a precisão são fundamentais.

Para Usuários Leigos: Embora o YAML possa parecer mais simples em estruturas básicas, o JSON oferece uma legibilidade melhor em estruturas complexas devido aos seus delimitadores explícitos.

Ao Escrever Prompts: Considere a complexidade da tarefa e escolha o formato que melhor equilibra a facilidade de escrita, leitura e interpretação pelo modelo.

A SUPERIORIDADE DO JSON PARA ESCREVER PROMPTS: UMA ANÁLISE DETALHADA

Nos últimos anos, a crescente complexidade das análises de dados e a necessidade de precisão e eficiência têm levado os profissionais a buscar formatos mais estruturados para a criação de prompts e guias de análise. Entre os diversos formatos disponíveis, o JSON (JavaScript Object Notation) se destaca como uma escolha superior. Este artigo detalha por que escrever prompts em JSON é mais eficiente e eficaz comparado a formatos de texto simples.

Estrutura e Organização

JSON é um formato de dados que utiliza uma estrutura hierárquica, facilitando a organização clara e lógica das informações. Cada elemento pode ser segmentado em seções e subseções específicas, permitindo que os analistas sigam uma abordagem sistemática.

Em contraste, o texto simples tende a apresentar informações de forma linear e desorganizada, o que pode dificultar a segmentação e a navegação entre diferentes partes da análise. A falta de estrutura pode levar a uma interpretação inconsistente e a dificuldades em manter a coesão do conteúdo.

Clareza e Precisão

Cada campo em um arquivo JSON possui uma chave e um valor, o que elimina ambiguidades. As descrições específicas associadas a cada chave garantem que todos os aspectos da análise sejam abordados de forma precisa e detalhada.

O texto simples pode ser mais suscetível a ambiguidades e interpretações variadas, uma vez que a falta de estrutura clara pode levar a repetição de informações e omissões não intencionais.

Facilidade de Automação

JSON é um formato que pode ser facilmente lido e processado por programas de computador, facilitando a automação de tarefas repetitivas e a geração de relatórios. Sua compatibilidade com diversas linguagens de programação e ferramentas de software o torna ideal para integrações automáticas.

Para utilizar texto simples em processos automatizados, é necessário pré-processamento adicional para converter o texto em um formato estruturado. Isso complica a automação e aumenta o risco de erros.

Flexibilidade e Escalabilidade

A flexibilidade do JSON permite adicionar novos campos e seções sem comprometer a estrutura existente. Essa capacidade de expansão é crucial para análises que precisam evoluir e se adaptar a novas necessidades e dados.

Adicionar novas seções em texto simples pode resultar em desorganização e confusão, especialmente em documentos longos. A ausência de uma estrutura formal dificulta a adaptação e a escalabilidade do conteúdo.

Validabilidade

Uma das vantagens significativas do JSON é a possibilidade de incluir validações, como regex (expressões regulares), para garantir que todos os elementos necessários foram abordados. Isso assegura que a análise seja completa e coerente.

No texto simples, não há um método fácil para validar automaticamente se todas as seções foram cobertas. Verificações manuais são necessárias, o que é propenso a erros e omissões.

Reusabilidade

Os prompts em JSON são altamente reutilizáveis. Eles podem ser facilmente adaptados para diferentes contextos ou tipos de análise, compartilhados entre equipes e modificados conforme necessário sem perder a coesão estrutural.

A reutilização de prompts em texto simples é menos eficiente. A adaptação para novos contextos geralmente requer uma reformulação completa ou extensa edição, o que pode ser demorado e propenso a inconsistências.

Escrever prompts em JSON oferece múltiplas vantagens sobre o texto simples, incluindo melhor estrutura e organização, clareza e precisão, facilidade de automação, flexibilidade e escalabilidade, validabilidade, e reusabilidade. Essas características tornam o JSON uma ferramenta poderosa e eficiente para criar prompts detalhados e robustos, especialmente em análises complexas e extensivas.

Ao adotar JSON, os vocês podem garantir que suas análises sejam mais precisas, completas e fáceis de gerenciar, levando a insights mais profundos e decisões melhor informadas. A escolha do formato correto pode transformar a eficiência e a eficácia das operações de análise de dados, e o JSON se destaca claramente como a melhor opção.

CRIANDO IMAGENS IMPRESSIONANTES

No mundo da arte visual e do design, a criação de imagens é uma forma de expressão que permite comunicar ideias, emoções e histórias através de composições visuais. Para criar uma imagem que seja não apenas atraente, mas também significativa e impactante, é essencial considerar vários elementos que compõem a cena. Este capítulo explora os componentes fundamentais para a criação de imagens, desde a especificação de sujeitos até a definição do estilo artístico.

POR ONDE COMEÇAR?

1. Especificação de Sujeitos

No coração de toda imagem estão os sujeitos. Eles podem ser pessoas, animais, objetos inanimados ou uma combinação desses elementos. A escolha do sujeito define o foco da imagem e estabelece a narrativa principal. Por exemplo, "um homem e uma mulher" podem evocar uma cena romântica, enquanto "duas crianças" podem sugerir inocência ou brincadeira.

2. Tipo de Localização

O cenário onde a cena acontece adiciona contexto e profundidade à imagem. Locais internos, como uma cozinha, podem criar uma atmosfera íntima, enquanto locais ao ar livre, como uma praia, podem evocar liberdade ou aventura. A localização pode ser específica ou vaga, dependendo do efeito desejado.

3. Ação

A ação na cena é um elemento dinâmico que traz movimento e vida à composição. Pode variar de ações simples, como "conversando animadamente", a atividades mais complexas, como "preparando uma refeição". A ação ajuda a contar a história da imagem e define as relações entre os sujeitos.

4. Itens Decorativos

Elementos decorativos, como móveis ou decoração de paredes, enriquecem a cena e dão pistas sobre o ambiente e o estilo de vida dos sujeitos. Esses detalhes podem ser sutis ou proeminentes, dependendo da ênfase desejada na imagem.

5. Descrição da Iluminação

A iluminação influencia dramaticamente a atmosfera e o tom da imagem. Ela pode variar de luz natural, como a do sol, a luz artificial. A iluminação pode criar sombras dramáticas, realçar cores ou definir o momento do dia, como uma cena noturna.

6. Descrição da Atmosfera

O clima emocional ou o tom da cena são essenciais para transmitir a mensagem da imagem. A atmosfera pode ser descrita como "tranquila e relaxante" ou "festiva e animada", influenciando a resposta emocional do espectador.

7. Estilo da Imagem

O estilo artístico da imagem, seja realista, impressionista ou surrealista, define a abordagem visual e a interpretação da realidade. O estilo pode ser escolhido para complementar o tema ou para criar um contraste intencional.

8. Formato da Imagem

O formato da imagem, como panorâmico ou quadrado, influencia a composição e a forma como os elementos são organizados. A escolha do formato pode ser baseada no meio de apresentação ou na preferência estética.

9. Detalhes Adicionais

Qualquer outro elemento que se queira incluir na imagem e que não se enquadre nas categorias anteriores pode ser considerado aqui. Esses detalhes podem ser sutis, mas adicionar significado ou profundidade à composição.

Cada um desses elementos desempenha um papel crucial na criação de uma imagem impactante e harmoniosa. A combinação cuidadosa desses componentes pode transformar uma simples ideia em uma obra de arte visual memorável e expressiva.

Veja o exemplo abaixo você pode criar diversas imagens impressionantes:

"""Crie uma cena envolvendo [*descrição dos sujeitos*] em um ambiente de [*tipo de localização*]. Eles estão [*ação que realizam*] e estão vestidos com [*descrição das roupas*], refletindo um estilo específico. A mesa deve ser [*descrição detalhada da mesa*], enquanto o ambiente é decorado com [*itens decorativos relevantes*], transmitindo um certo clima. A iluminação deve ser [*descrição da iluminação*], criando uma atmosfera [*descrição da atmosfera desejada*]. A imagem deve seguir o estilo [*estilo visual desejado*] e ser apresentada no formato [*formato específico*]. Adicione outros detalhes importantes, como [*quaisquer detalhes adicionais que complementam a cena*]."""

Exemplo de prompt:

Crie uma cena envolvendo três amigos em uma cafeteria à beira da praia. Eles estão conversando animadamente, vestidos com roupas casuais de verão. A mesa de madeira rústica está coberta com uma toalha de linho branco, e o ambiente é decorado com flores tropicais e luzes pendentes. A iluminação suave do pôr do sol realça a atmosfera relaxante e calorosa. O estilo da imagem deve ser realista com uma leve sensação de verão, e o formato deve ser em paisagem. Detalhes adicionais incluem copos de suco e um cachorro sentado ao lado deles.

Essa imagem foi gerada com o prompt acima no Flux1.

CONSTRUINDO PROMPTS ESPECIALISTAS

DEFININDO DOMÍNIOS DE ESPECIALIZAÇÃO

Esse modelo de prompt permite que você crie um cenário altamente personalizado, definindo um domínio de especialização, uma tarefa, entradas/dados a serem classificados, restrições adicionais e as expectativas de saída.

Prompt Textual

Atue pensando passo a passo como um sofisticado especialista em **<CAMPO_DE_ESPECIALIZAÇÃO>** especializado **<DOMÍNIO_ESPECÍFICO>**, sua tarefa é **<DEFINIR_TAREFA>** classifique **<ENTRADAS_A_SEREM_CLASSIFICADAS>** ao mesmo tempo **<RESTRIÇÕES_ADICIONAIS>** forneça uma justificativa concisa, mas esclarecedora para suas classificações **<REQUISITOS_JUSTIFICATIVA>** ou qualquer coisa que guie sua análise **<CONTEXTO_ADICIONAL>**.

EXEMPLO DE TAREFAS E ENTRADAS A SEREM CLASSIFICADAS

<CAMPO_DE_ESPECIALIZAÇÃO>:

Descrição: Representa o campo de conhecimento geral em que o sistema de IA atuará como especialista. O termo precisa ser amplo o suficiente para indicar uma área de atuação, como "medicina", "vinhos", ou "inteligência artificial".

Análise: O propósito deste placeholder é estabelecer a base do conhecimento requerido. A escolha de um campo adequado é crucial para garantir que as classificações estejam alinhadas com o nível de especialização esperado.

<DOMÍNIO_ESPECÍFICO>:

Descrição: Refere-se a um subdomínio ou tópico mais focado dentro do campo amplo escolhido. É uma especialização que ajuda a IA a restringir a análise, como "vinhos tintos de Bordeaux" dentro de "vinhos" ou "aprendizado supervisionado" dentro de "inteligência artificial".

Análise: Este placeholder melhora a precisão da análise ao reduzir o escopo. A definição de um domínio específico é essencial para garantir que o sistema seja capaz de aplicar conhecimentos detalhados e específicos.

<DEFINIR_TAREFA>:

Descrição: Neste campo, o usuário define explicitamente a tarefa que o sistema deve executar, como "avaliar a qualidade dos vinhos" ou "desenvolver um algoritmo de clusterização".

Análise: Este placeholder é fundamental para orientar a ação que será realizada. Uma definição clara da tarefa ajuda a alinhar a expectativa com a saída esperada, eliminando ambiguidades.

<ENTRADAS_A_SEREM_CLASSIFICADAS>:

Descrição: Especifica os itens ou dados que o sistema deverá classificar ou categorizar ao executar a tarefa. Exemplo:

"diferentes tipos de vinhos" ou "modelos de machine learning".

Análise: A definição precisa das entradas a serem classificadas é importante para que o sistema foque em elementos específicos. As entradas devem estar alinhadas à tarefa para garantir relevância na classificação.

<RESTRIÇÕES_ADICIONAIS>:
Descrição: Inclui qualquer restrição ou consideração extra que o sistema deve levar em conta ao realizar a tarefa, como "limitações de tempo", "requisitos de custo", ou "nível de acidez em vinhos".

Análise: Este placeholder adiciona complexidade e realismo ao cenário. Ao incluir restrições, a tarefa se torna mais próxima de um problema real, desafiando o sistema a levar em conta fatores externos ou específicos.

<REQUISITOS_JUSTIFICATIVA>:

Descrição: Define as instruções para a justificativa das classificações, como o formato ou o nível de detalhe esperado. Por exemplo, "basear as justificativas em evidências científicas" ou "usar dados históricos como suporte".

Análise: A justificativa é um elemento-chave para a transparência e qualidade da análise. Esse placeholder ajuda a orientar o sistema a fornecer razões claras e bem embasadas para as decisões, aumentando a credibilidade das classificações.

<CONTEXTO_ADICIONAL>:

Descrição: Fornece qualquer outra informação relevante que deve guiar a análise, como "regiões vinícolas específicas" ou "assumir que os dados são ruidosos".

Análise: Este placeholder amplia a capacidade do sistema de considerar fatores externos que possam impactar a análise. Contextos adicionais ajudam a ajustar a abordagem da IA a circunstâncias específicas, tornando a solução mais robusta e adaptada.

*** **Importante:** Ao utilizar este modelo, você garante que o sistema de IA considere todos os aspectos relevantes e forneça respostas detalhadas e justificadas.

REVERT PROMPTING

Diferenças entre Revert Prompting e Engenharia de Prompt

Revert Prompting

- **Objetivo:** O objetivo principal do "Revert Prompting" é extrair informações de forma indireta. É usado quando respostas diretas não são eficazes ou quando se deseja entender o raciocínio ou a abordagem da IA para um determinado tópico.

- **Método:** Consiste em formular perguntas ou prompts de maneira que a resposta desejada seja revelada como parte de uma resposta mais ampla. Esta técnica envolve pensar de forma criativa e indireta, formulando perguntas que levam a IA a fornecer a informação desejada de maneira mais abrangente.

Engenharia De Prompt

- **Objetivo:** A engenharia de prompt foca em otimizar e ajustar os prompts para obter as melhores respostas possíveis de um sistema de IA. O objetivo é melhorar a precisão, relevância e qualidade das respostas da IA.

- **Método:** Envolve a experimentação com diferentes formulações de prompts, considerando fatores como clareza, especificidade, contexto e tom. A engenharia de prompt pode envolver a adaptação de prompts para diferentes contextos ou objetivos, testando várias abordagens para ver qual produz os melhores resultados.

Estratégias De Formulação De Prompts

Equilíbrio entre Amplitude e Especificidade:

Suponha que você queira saber sobre inovações em energia renovável. Um prompt amplo seria: *"Quais são as tendências atuais em fontes de energia alternativas globalmente?"* Esta abordagem aberta permite que a IA explore uma variedade de inovações sem se limitar a uma específica.

Se você está interessado especificamente em energia solar, um prompt específico poderia ser: *"Como a tecnologia de energia solar evoluiu nos últimos cinco anos e quais são suas aplicações mais promissoras atualmente?"*

Utilização Estratégica de Contexto:

Se o seu interesse é entender o impacto da pandemia COVID-19 na educação, um prompt bem contextualizado seria: *"De que maneira a pandemia COVID-19 transformou os métodos de ensino e aprendizagem nas escolas e universidades?"*

Por exemplo, para explorar o impacto ambiental do turismo, um prompt seria: *"Como o turismo afeta diferentes ecossistemas ao redor do mundo?"*

Para investigar o impacto da inteligência artificial na privacidade, um prompt relacionado poderia ser: "Quais são as preocupações éticas e de privacidade surgidas com o avanço da inteligência artificial nas redes sociais?"

ANÁLISE DE IMAGENS ARTÍSTICAS E DESENVOLVIMENTO DE PROMPTS EM JSON

A análise de imagens artísticas é uma prática essencial para compreender e apreciar a profundidade e a complexidade das obras de arte. Essa parte do livro descreve a técnica de análise de imagens e explica como desenvolvolvi um prompt em JSON para realizar uma análise completa e abrangente. Utilizaremos a imagem de um astronauta no espaço como exemplo para ilustrar o processo.

Técnica de Análise de Imagens

A análise de imagens envolve a observação detalhada e a interpretação de diversos elementos visuais e contextuais. Este processo pode ser sistematizado em várias etapas, cada uma focando em aspectos específicos da imagem:

Contexto Geral

- Tipo de imagem (fotografia, pintura, ilustração, arte digital, etc.)
- Estilo artístico ou técnica utilizada
- Época ou período da imagem

- Autor ou artista, se conhecido

Elementos Visuais

- Composição: Enquadramento, perspectiva, equilíbrio, ponto focal
- Cores: Paleta de cores, harmonias cromáticas, simbolismo das cores
- Luz e Sombra: Fonte de luz, contraste, atmosfera criada pela iluminação
- Linhas e Formas: Tipos de linhas, formas geométricas, formas orgânicas
- Textura: Tipos de texturas, técnicas utilizadas, efeito na percepção
- Movimento: Dinamismo, técnicas para sugerir movimento
- Escala e Proporção: Relações de tamanho entre os elementos, impacto na percepção

Conteúdo e Narrativa

- Tema ou assunto principal da imagem
- Principais elementos, objetos ou figuras presentes
- Simbolismo e metáforas visuais
- Narrativa ou história contada pela imagem
- Contexto cultural e histórico

Técnica e Execução

- Meio ou suporte utilizado
- Técnicas artísticas empregadas
- Estilo pessoal do artista
- Habilidade técnica demonstrada na execução

Impacto e Interpretação

- Emoções evocadas pela imagem

- Mensagem ou intenção do artista
- Relevância cultural e artística da obra
- Interpretação por diferentes públicos

Contextualização

- Movimento artístico relevante
- Possíveis influências artísticas
- Comparações com outras obras do mesmo artista ou período
- Impacto da obra na cultura e sociedade

Análise Crítica

- Pontos fortes e aspectos bem-sucedidos da obra
- Limitações ou áreas de melhoria
- Grau de inovação ou originalidade da obra
- Relevância da obra no contexto contemporâneo

Acessibilidade

- Descrição detalhada para pessoas com deficiência visual
- Interpretações alternativas baseadas em diferentes experiências
- Sugestões para tornar a imagem mais acessível

Desenvolvimento do Prompt em JSON

Para sistematizar a análise de imagens, desenvolvemos um prompt em JSON que cobre todos os aspectos mencionados acima. O JSON é um formato de dados leve e fácil de ler, que permite estruturar a informação de maneira clara e organizada. Abaixo está o prompt em JSON utilizado para a análise completa de imagens:

Minha ideia inicial era colocar o prompt em json aqui, porém ele fica muito longo e totalmente desalinhado não permitindo a reprodução de uma forma correta, então deixei em um repositório no GitHub onde tem diversos outros prompts, assim você pode ver esse json em específico, mas se quiser testar todos os outros pode ficar a vontade.

Analisador De Imagens:

https://github.com/elzobrito/prompts/blob/main/ analise_imagem.json

Aplicação do Prompt JSON na Análise da Imagem do Astronauta

Utilizando o prompt JSON, realizamos uma análise detalhada da imagem do astronauta no espaço:

- **Contexto Geral:** Ilustração digital, estilo realista com arte vetorial moderna, época contemporânea, autor não identificado.

- **Elementos Visuais:** Close-up do rosto do astronauta, paleta vibrante com laranjas e contrastes, luz principal da direita, linhas curvas e formas geométricas, texturas variadas, sugestão de movimento, escala íntima.

- **Conteúdo e Narrativa:** Exploração espacial, coragem humana, rosto do astronauta, capacete, espaço ao fundo, simbolismo de determinação e espírito aventureiro, narrativa de contemplação ou antecipação.

- **Técnica e Execução:** Ilustração digital, gradientes suaves, sombreamento detalhado, estilo combinando realismo e elementos estilizados, alta habilidade técnica.

- **Impacto e Interpretação:** Emoções de admiração e curiosidade, mensagem de coragem, relevância no contexto de exploração espacial, interpretação variada por diferentes públicos.

- **Contextualização:** Movimento de arte digital contemporânea, influências de temas espaciais na cultura pop, comparação com cartazes de ficção científica.

- **Análise Crítica:** Uso eficaz de cores e iluminação, inovação na abordagem moderna de um tema clássico, relevância contemporânea.

- **Acessibilidade:** Descrição detalhada para deficientes visuais, interpretações alternativas, sugestões para acessibilidade.

A sistematização da análise de imagens artísticas por meio de um prompt JSON oferece uma abordagem metódica e abrangente, permitindo uma exploração detalhada de cada elemento visual e conceitual da obra. Esse processo estruturado não só garante que nenhum aspecto relevante seja negligenciado, mas também proporciona uma compreensão mais profunda e multifacetada da criação artística.

Ao decompor a análise em categorias bem definidas - como contexto geral, elementos visuais, conteúdo e narrativa - o método JSON facilita uma apreciação holística da obra. Essa abordagem revela camadas de significado que poderiam passar despercebidas em uma observação mais casual, desvendando a complexidade e a riqueza da expressão artística.

Além disso, essa metodologia analítica aguça nossa sensibilidade estética, permitindo-nos reconhecer e valorizar as nuances técnicas e criativas empregadas pelo artista. Ao compreender melhor o processo criativo e as escolhas artísticas, desenvolvemos um olhar mais refinado e uma apreciação mais profunda não apenas da obra em questão, mas da arte como um todo.

A inclusão de uma expressão regular (regex) de validação no prompt JSON adiciona uma camada extra de rigor e consistência à análise. Essa regex assegura que todos os elementos essenciais da análise estejam presentes, verificando se cada seção principal do prompt está incluída e garantindo assim uma análise completa e abrangente.

Este mecanismo de validação não apenas padroniza o processo analítico, mas também serve como um lembrete constante para o analista, assegurando que nenhum aspecto crucial da obra seja negligenciado. Dessa forma, a regex atua como um guardião da qualidade e integridade da análise, reforçando a abordagem sistemática e meticulosa que o formato JSON proporciona.

CRIANDO DESENHO COMO CRIANÇA

A maneira como uma criança desenha, reflete diretamente o seu desenvolvimento cognitivo e motor, além de sua compreensão do mundo ao redor.

Traços Irregulares e Imprecisos: Os contornos dos objetos e personagens são desiguais e ondulados, indicando controle motor menos refinado.

Coloração Fora das Linhas: As cores ultrapassam frequentemente os contornos, mostrando falta de precisão.

Simplicidade Estilística: Os elementos são simplificados para suas formas básicas, como círculos para cabeças e linhas retas para corpos. Esquema de Cores Básico: Utilização de cores primárias e secundárias sem graduações ou sombreamento.

Perspectiva e Proporção Inconsistentes: Falta de profundidade espacial e tamanhos desproporcionais entre objetos.

Representação Literal e Iconográfica: Sol com raios e faces sorridentes nos personagens, que são representações muito diretas e típicas da arte infantil.

Composição Ingênua: Elementos podem parecer flutuar sem um chão definido, e a colocação dos objetos não segue a lógica espacial adulta.

Uso Espontâneo do Espaço: Os objetos e personagens podem estar distribuídos aleatoriamente pela página, sem um layout planejado.

Aqui está um exemplo de imagem gerada com o prompt, um desenho como se fosse uma criaça desenhando.

Para melhorar esse prompt você pode utilizar a técnica de escrever em json, ele ficará da seguinte forma:

```
https://github.com/elzobrito/prompts/blob/main/
desenho_infantil.json
```

Outro detalhe interessante é que se você escrever o prompt que vai gerar a imagem em inglês o resultado será sempre melhor.

```
{
    "prompt": "A simple colored pencil drawing of a house with a
green lawn, blue sky, and a sun, following these guidelines: The
outlines of the objects are irregular and wavy, indicating less
refined motor control, with each line being wavy and varying
in thickness. The colors frequently go outside the lines, with
about 30  of colored areas surpassing the outlines. The elements
are simplified to their basic shapes, such as a rectangle for the
house and triangles for the roof. The color scheme uses primary
and secondary colors without shading or gradation, including
red, blue, yellow, green, orange, and purple. The perspective
and proportions are inconsistent, with elements lacking spatial
depth and being disproportionate in size. The sun is smiling
and has rays, representing a very direct and typical style of
children's art. The composition is naive, with elements floating
without a defined ground, and objects are placed without adult
spatial logic, distributed randomly across the page. The drawing
should reflect how a child's drawing represents their cognitive
and motor development as well as their understanding of the world
around them. The coloring should be incomplete, with some areas
left uncolored to reflect the typical drawing style of a child
aged 5 to 8 years old. No additional details like pencils should
be included. Ensure there are no proportion lines or guides in
the drawing.",
  "size": "1024x1024"
}
```

Exemplo de saída:

INTRODUÇÃO AO RAG

No vasto universo dos modelos de linguagem de última geração, uma abordagem que se destaca por sua eficácia e inovação é o RAG (Retrieval-Augmented Generation). Este método combina técnicas de recuperação de informação com geração de texto, proporcionando respostas mais precisas e detalhadas. Vamos explorar como o RAG funciona e como ele pode ser integrado em suas práticas de engenharia de prompt.

COMPONENTE DE RECUPERAÇÃO

O primeiro componente do RAG é a recuperação de informações. Esta etapa utiliza técnicas avançadas de busca por similaridade de vetores densos, como **FAISS** (*Facebook AI Similarity Search*) ou **ANNOY** (*Approximate Nearest Neighbors Oh Yeah*).

Esses métodos são eficazes na identificação de documentos ou trechos relevantes dentro de um grande corpus de dados, baseando-se na consulta fornecida pelo usuário.

Exemplo:

Quando você faz uma consulta sobre "Marie Curie e suas contribuições para a ciência", o componente de recuperação busca em uma base de dados científica e encontra trechos relevantes que mencionam suas descobertas e conquistas.

COMPONENTE GENERATIVO

O segundo componente é o generativo, que utiliza modelos avançados como T5 (Text-to-Text Transfer Transformer) ou BART (Bidirectional and Auto-Regressive Transformers). Estes modelos recebem a consulta inicial juntamente com as informações recuperadas pelo primeiro componente. Assim, conseguem gerar texto coerente e detalhado, considerando tanto a pergunta quanto as informações adicionais encontradas.

Exemplo:

Após a recuperação de trechos sobre Marie Curie, o modelo generativo constrói uma resposta abrangente: *"Marie Curie foi uma cientista polonesa que fez descobertas fundamentais no campo da radioatividade. Ela foi a primeira mulher a ganhar um Prêmio Nobel e a única pessoa a ganhar prêmios Nobel em duas áreas científicas diferentes: Física e Química. Suas principais contribuições incluem a descoberta dos elementos rádio e polônio, e o desenvolvimento de técnicas para isolar isótopos radioativos."*

Benefícios Do Rag

O uso do RAG oferece diversos benefícios, incluindo:

- **Respostas Mais Precisas e Detalhadas:** Ao incorporar informações específicas e atualizadas, as respostas geradas são mais relevantes e informativas.

- **Atualização Contínua:** O componente de recuperação consulta bases de dados externas continuamente, proporcionando informações atualizadas sem a necessidade de re-treinar o modelo generativo frequentemente.

Desafios Do Rag

Apesar dos benefícios, o RAG apresenta alguns desafios:

- **Complexidade Computacional:** A combinação de recuperação e geração pode exigir mais recursos computacionais, especialmente para consultas em tempo real.

- **Qualidade das Fontes:** A eficácia do RAG depende da qualidade e precisão das fontes de dados utilizadas para recuperação.

APLICAÇÃO DO RAG NO DESENVOLVIMENTO DE AGENTES INTELIGENTES

Para exemplificar a aplicação prática do RAG, considere o desenvolvimento de um agente inteligente para recuperar informações sobre a banda Legião Urbana:

- **Recuperação de Informações:** Seu agente busca informações específicas em um arquivo sobre Legião Urbana. Isso é a parte de "recuperação" do RAG, onde você localiza dados relevantes em uma fonte externa (no seu caso, um arquivo).

- **Geração de Texto:** Depois de recuperar essas informações, você usa o GPT para gerar texto com base nas informações encontradas. Essa é a parte de "geração" do RAG, onde um modelo generativo cria uma resposta ou texto usando os dados recuperados.

Como Melhorar Seu Agente

- **Otimização da Recuperação:** Se ainda não estiver usando, considere implementar técnicas de similaridade de vetores densos para melhorar a precisão e a velocidade da recuperação de informações. Ferramentas como FAISS podem ajudar, especialmente para grandes volumes de dados.

- **Aprimoramento do Modelo Generativo:** Ajuste fino (fine-tuning) do modelo GPT com dados específicos sobre Legião Urbana pode melhorar a qualidade das respostas geradas. Isso ajuda o modelo a entender melhor o contexto e a terminologia específica do tema.

- **Integração Eficiente:** Garanta que a integração entre recuperação e geração seja eficiente. Isso pode incluir pré-processamento dos dados recuperados para facilitar a geração de texto ou a criação de pipelines que automatizem o fluxo de dados entre as duas etapas.

- **Feedback e Melhoria Contínua:** Implemente um sistema de feedback onde as respostas geradas são avaliadas e refinadas ao longo do tempo. Isso pode envolver ajustes nos parâmetros de recuperação, melhorias no modelo generativo, ou refinamentos na maneira como os dados recuperados são apresentados ao modelo GPT.

FUNDAMENTOS TEÓRICOS E MECANISMOS COGNITIVOS DO COT

Nos últimos anos, a engenharia de prompts emergiu como um campo essencial dentro da inteligência artificial, direcionando avanços substanciais na interação entre humanos e modelos de linguagem natural. Uma das abordagens mais promissoras nesse domínio é o Chain-of-Thought Prompting (CoT), uma metodologia que permite estruturar inferências em sequências lógicas bem definidas antes da apresentação da resposta final. Essa estratégia é inspirada na cognição humana e visa aprimorar a coerência e a transparência das respostas geradas por modelos de IA, reduzindo inconsistências e viabilizando processos de decisão mais robustos e auditáveis.

Com o aumento da complexidade das tarefas atribuídas à IA, a necessidade de explicabilidade se torna cada vez mais crítica. Em domínios como automação de processos, análise jurídica e otimização de estratégias empresariais, o CoT se mostra uma ferramenta crucial para elevar a confiabilidade e a interpretabilidade das decisões algorítmicas. Dessa forma, a adoção desse método não apenas melhora a qualidade das respostas, mas também estabelece um novo padrão para o desenvolvimento de modelos orientados à transparência e previsibilidade.

Ao contrário dos métodos convencionais de inferência, que frequentemente resultam em respostas superficiais ou sem fundamentação explícita, o CoT induz os modelos a desagregar problemas complexos em subtarefas manejáveis, promovendo um raciocínio mais estruturado. Esse recurso é particularmente relevante em domínios como ciências exatas, diagnóstico médico, jurisprudência e engenharia computacional, onde a rastreabilidade e a explicabilidade são imperativas para a adoção confiável de soluções automatizadas.

Outra vantagem é que a utilização do CoT contribui para o aprimoramento da capacidade dos modelos de IA na interpretação de ambiguidades e contextos complexos, permitindo uma melhor adaptação a cenários dinâmicos e multifacetados. Esse aspecto é fundamental para garantir que os sistemas automatizados não apenas produzam respostas corretas, mas também contextualizadas e alinhadas às expectativas dos usuários em diferentes áreas do conhecimento.

Aplicações e Exemplos do Chain-of-Thought Prompting

1. Raciocínio Matemático Formalizado

Prompt sem CoT:

Pergunta: "Qual é o resultado de 24 × 35?"

Resposta: "840"

Prompt com CoT:

Pergunta: "Qual é o resultado de 24 × 35? Explicite a derivação."

Resposta: "Primeiramente, decompomos 24 em 20 + 4. Em seguida, aplicamos a distributiva: (20 × 35) + (4 × 35). O primeiro termo resulta em 700 e o segundo em 140. A soma dessas parcelas produz o resultado final de 840."

****

2. Modelagem Lógica e Raciocínio Dedutivo

Prompt sem CoT:

Pergunta: "Ana é mais velha que Maria. Maria é mais nova que Clara. Quem é a mais velha?"

Resposta: "Não é possível determinar."

Prompt com CoT:

Pergunta: "Ana é mais velha que Maria. Maria é mais nova que Clara. Quem é a mais velha? Estruture seu raciocínio."

Resposta: "Temos duas premissas: (1) Ana > Maria e (2) Maria < Clara. No entanto, não há um relacionamento direto entre Ana e Clara, impedindo uma conclusão definitiva. Assim, a resposta permanece indeterminada."

****

3. Interpretação de Dados Ambientais e Previsão

Prompt sem CoT:

Pergunta: "Você vê nuvens escuras no céu. O que provavelmente acontecerá?"

Resposta: "Chuva."

Prompt com CoT:

Pergunta: "Você vê nuvens escuras no céu. Qual a inferência plausível? Justifique."

Resposta: "A observação de nuvens escuras indica um alto índice de condensação e formação de sistemas convectivos. Estatisticamente, a presença desses fatores está correlacionada à ocorrência de precipitação em um curto intervalo de tempo. Assim, a inferência mais provável é a iminência de chuva."

****

4. Análise Semântica e Inferência Textual

Prompt sem CoT:

Pergunta: "João disse: 'Não há nada melhor do que um dia chuvoso.' O que João provavelmente sente em relação aos dias chuvosos?"

Resposta: "Ele gosta."

Prompt com CoT:

Pergunta: "João disse: 'Não há nada melhor do que um dia chuvoso.' Qual a implicação semântica dessa afirmação?"

Resposta: "A construção linguística enfatiza uma valorização subjetiva, reforçada pelo superlativo 'não há nada melhor'. Logo, podemos inferir que João possui uma predisposição positiva em relação a dias chuvosos, possivelmente associando-os a experiências prazerosas ou reconfortantes."

Aplicações Avançadas e Impactos do Chain-of-Thought Prompting

A técnica CoT apresenta um amplo espectro de aplicações, incluindo:

Modelagem computacional de argumentação: Aprimora a estruturação de respostas complexas, facilitando o desenvolvimento de sistemas jurídicos automatizados e chatbots avançados.

Otimização da inferência científica: Aplicado na elaboração de hipóteses e análise de dados em bioinformática, ciências de materiais e outras disciplinas que exigem alto grau de rigor lógico.

Assistência médica baseada em IA: Contribui para diagnósticos mais precisos ao descrever cadeias causais e apresentar prognósticos detalhados.

Desenvolvimento de sistemas de suporte à decisão: Melhora a previsibilidade e transparência na formulação de estratégias empresariais, reduzindo riscos de tomada de decisão baseados em heurísticas inadequadas.

Além disso, ao proporcionar um maior nível de transparência no processo inferencial, o CoT se torna uma ferramenta essencial para pesquisadores e profissionais que buscam compreender e otimizar a tomada de decisão assistida por IA. Sua aplicação pode revolucionar áreas que exigem robustez lógica e argumentativa, desde diagnósticos clínicos até a formulação de políticas públicas baseadas em evidências.

Com isso, conseguimos uma estruturação mais analítica da argumentação algorítmica, o CoT abre novas possibilidades para a inteligência artificial explicável (XAI), consolidando-se como um recurso essencial para o desenvolvimento de modelos mais alinhados às demandas científicas e tecnológicas contemporâneas.

Além do mais, a crescente incorporação do CoT em sistemas de IA sugere um futuro no qual os modelos não apenas geram respostas, mas também explicam e justificam suas inferências de maneira clara e auditável. Esse avanço pode ser um diferencial decisivo para a aceitação de sistemas automatizados em setores regulados, como saúde, direito e finanças, onde a transparência e a rastreabilidade dos processos são requisitos fundamentais para a confiabilidade e adoção da tecnologia.

ABORDAGEM ITERATIVA NA ENGENHARIA DE PROMPTS

FEW-SHOT PROMPTING

Few-shot prompting é uma técnica poderosa na engenharia de prompts que envolve fornecer ao modelo de IA alguns exemplos específicos junto com o prompt para guiar a geração de respostas mais precisas e relevantes.

Esta técnica é particularmente útil quando se deseja que o modelo compreenda um formato ou estilo específico de resposta.

CONCEITO DE FEW-SHOT PROMPTING

No contexto de IA, "few-shot" refere-se ao uso de poucos exemplos para treinar ou orientar o modelo sobre a tarefa desejada. Diferente do treinamento completo, onde o modelo é exposto a uma grande quantidade de dados, o few-shot prompting oferece uma maneira rápida e eficiente de melhorar o desempenho do modelo em tarefas específicas sem a necessidade de re-treinamento extenso.

Benefícios Do Few-Shot Prompting

1. Rapidez e Eficiência: Permite obter resultados melhores em menos tempo, utilizando poucos exemplos.

2. Flexibilidade: Pode ser aplicado a uma ampla variedade de tarefas, desde geração de texto até classificação e tradução.

3. Melhoria de Precisão: Ajuda o modelo a compreender o contexto e o formato esperado da resposta, resultando em saídas mais precisas e coerentes.

Aplicações Práticas De Few-Shot Prompting

Vamos explorar um exemplo prático para entender melhor como few-shot prompting pode ser utilizado. Suponha que você deseja criar descrições de produtos para um site de e-commerce. Você pode fornecer alguns exemplos de descrições para orientar o modelo.

Prompt Geral:

"Crie uma descrição de produto para um novo item em nossa loja online."

Few-Shot Prompting com Exemplos:

Exemplo 1: Produto: Caneca de Café Termo

Descrição: *"Esta caneca de café termo mantém sua bebida quente por horas. Feita de aço inoxidável de alta qualidade, é perfeita para uso em casa ou no escritório. Capacidade de 350 ml."*

Exemplo 2: Produto: Caderno de Anotações A5
Descrição: *"Este caderno de anotações A5 é ideal para estudantes e profissionais. Com 200 páginas de papel reciclado, oferece uma experiência de escrita suave. Capa dura disponível em várias cores."*

Agora, crie uma descrição de produto para: Mochila de Viagem.

Resposta Esperada:
"Mochila de Viagem: Esta mochila de viagem é perfeita para suas aventuras. Com múltiplos compartimentos e material resistente à água, oferece espaço e proteção para todos os seus itens essenciais. Capacidade de 30 litros, disponível em preto e azul."

IMPLEMENTAÇÃO DE FEW-SHOT PROMPTING

Para implementar few-shot prompting, siga estas etapas:

1. Seleção de Exemplos: Escolha exemplos relevantes e variados que representem bem a tarefa que o modelo precisa executar.

2. Formatação dos Exemplos: Apresente os exemplos em um formato claro e consistente para facilitar a compreensão do modelo.

3. Criação do Prompt: Combine os exemplos com um prompt claro e específico para guiar o modelo.

4. Avaliação e Ajuste: Avalie as respostas geradas pelo modelo e ajuste os exemplos e o prompt conforme necessário para melhorar a precisão.

MELHORES PRÁTICAS PARA FEW-SHOT PROMPTING

- **Diversidade nos Exemplos:** Use exemplos variados que cubram diferentes aspectos da tarefa.

- **Clareza e Consistência:** Certifique-se de que os exemplos sejam claros e sigam um formato consistente.

- **Iteração e Refinamento:** Esteja preparado para iterar e refinar os exemplos e o prompt com base nos resultados obtidos.

Few-shot prompting é uma técnica eficaz que pode melhorar significativamente a qualidade das respostas geradas por LLMs. Você pode guiar o modelo para produzir saídas que atendam melhor às suas necessidades específicas. Você pode usar diferentes abordagens e refine seus prompts para alcançar os melhores resultados possíveis.

Etapas Para O Aprimoramento De Prompts

Elaboração de Prompts Variados:

Crie diferentes tipos de prompts, como criativos, informativos, analíticos ou baseados em opiniões. Varie o estilo e a complexidade para testar a flexibilidade do modelo.

Teste Inicial e Avaliação:

Use os prompts criados para interagir com o modelo de IA e avalie as respostas. Isso ajuda a entender como o modelo responde a diferentes tipos de prompts.

Análise de Desempenho por Prompt:

Analise cada prompt individualmente. Verifique se eles estão produzindo as respostas esperadas, como listas de ideias ou resumos detalhados.

Refinamento dos Prompts:

Ajuste os prompts com base nos resultados. Se um prompt não está funcionando bem, torne-o mais específico ou mude sua estrutura.

Repetição do Teste com Prompts Ajustados:

Integre o público-alvo no prompt, considerando seu nível de conhecimento na área. Utilize uma linguagem direta, evitando formalidades desnecessárias. Adicione a frase "Certifique-se de que sua resposta seja imparcial e não se baseie em estereótipos" para incentivar respostas equilibradas. Implementar prompts que direcionam o usuário para uma resposta mais específica e informativa.

EXECUTANDO MODELOS DE LINGUAGEM GRANDE (LLM) LOCALMENTE: LM STUDIO, OLLAMA E OPENWEBUI NO DOCKER

Os Modelos de Linguagem Grande (LLMs) tornaram-se essenciais para diversas tarefas, desde a automação de processos de atendimento até a geração de conteúdo complexo. Muitas vezes, os serviços online não são a opção ideal devido à dependência de internet, problemas de privacidade ou custos altos. Neste post, vamos explorar como rodar um LLM localmente utilizando ferramentas como LM Studio, Ollama e a OpenWebUI em Docker, permitindo controle total e economia no uso de recursos.

1. Lm Studio: Executando Um Llm Com Praticidade

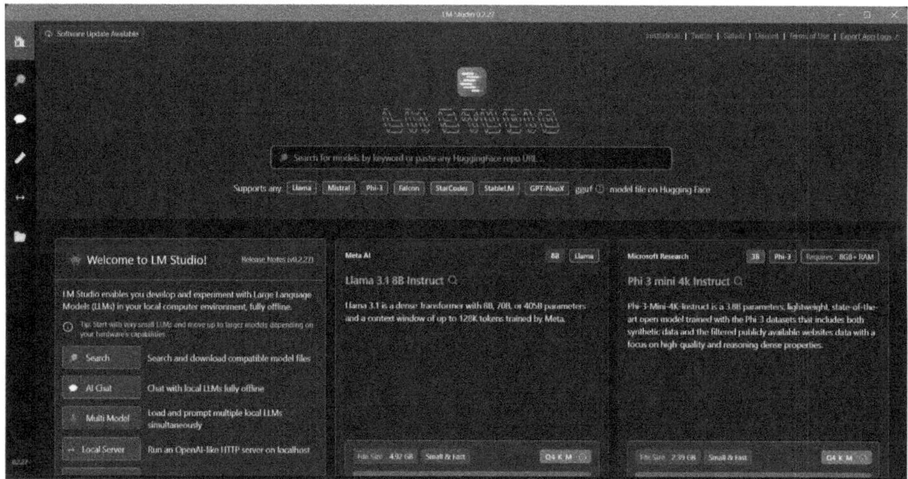

LM Studio é uma ferramenta poderosa e de interface amigável para rodar LLMs localmente. Ele possibilita aos usuários executarem modelos sem grande complexidade técnica.

Aqui estão os passos para configurar e usar o LM Studio:

Download e Instalação: Primeiramente, baixe o LM Studio no site oficial e instale-o no seu sistema operacional. LM Studio está disponível para Windows, macOS e algumas distribuições Linux.

https://lmstudio.ai/

Escolha do Modelo: Após instalado, você precisará baixar um modelo. O LM Studio possui uma biblioteca de modelos pré-treinados que pode ser acessada diretamente pela interface.

Configuração e Execução: Assim que o modelo estiver baixado, basta clicar em "Run". Você pode ajustar parâmetros como temperatura e top-p para melhorar as respostas de acordo com a sua necessidade.

LM Studio é ideal para quem procura um setup rápido, sem mexer em linhas de código ou configurações mais complexas.

2. Ollama: Facilidade na Linha de Comando

```
Microsoft Windows [versão 10.0.22621.4317]
(c) Microsoft Corporation. Todos os direitos reservados.

C:\Users\elzo_>ollama run phi3
>>> Qual a capital do Brasil?
A capital do Brasil é Brasília. Foi fundada em 21 de abril de 1960, e desenhada pelo arquiteto e urbanista Lúcio
Costa, enquanto Oscar Niemeyer foi o responsável pela criação dos principais edifícios públicos da cidade.

>>> Send a message (/? for help)
```

Ollama é outra excelente ferramenta para rodar LLMs localmente, especialmente se você gosta de trabalhar em linha de comando. Ollama é leve e permite que você inicie modelos rapidamente como um serviço.

Instalação do Ollama: Para instalar o Ollama, basta seguir os seguintes comandos para Linux (ou utilizar uma alternativa para Windows e macOS):

curl -o- https://ollama.com/install.sh | bash

Iniciando o Ollama como Serviço: Com o Ollama instalado, é possível configurá-lo para rodar como um serviço de backend. No Linux, isso pode ser feito utilizando o systemd. O Ollama também permite importar e iniciar diferentes modelos pré-treinados diretamente da linha de comando.

Executando Modelos: Com o comando

ollama run <nome_do_modelo>

É possível utilizar o modelo para uma grande variedade de tarefas.

O Ollama é excelente para integrações, oferecendo uma maneira direta de adicionar funcionalidades de IA a outros sistemas ou pipelines.

3. OpenWebUI no Docker: Flexibilidade e Escalabilidade

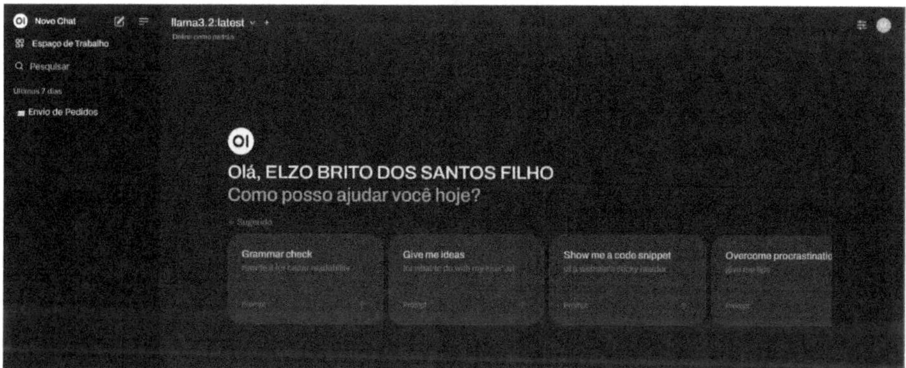

O OpenWebUI é uma ferramenta incrível quando se quer rodar uma interface de LLM, permitindo uma experiência de uso direto do navegador, mas tudo localmente. Utilizar o Docker é uma maneira conveniente de garantir que todos os componentes necessários estão adequadamente configurados e isolados.

Instalação do Docker: Certifique-se de ter o Docker instalado no seu sistema. Caso ainda não tenha, instale-o com os seguintes comandos para distribuições Linux:

sudo apt-get update
sudo apt-get install docker-ce docker-ce-cli containerd.io

Executando o OpenWebUI: Com o Docker instalado, você pode iniciar a OpenWebUI diretamente com um comando Docker:

docker run -d -p 3000:8080 --add-host=host.docker.internal:host-gateway -v open-webui:/app/backend/data --name open-webui --restart always ghcr.io/open-webui/open-webui:main

Esse comando irá baixar e iniciar o contêiner, mapeando a porta 8080 do seu sistema local, permitindo acessar a interface via navegador em:

http://localhost:8080

Configuração Adicional: Se necessário, você pode configurar variáveis do Docker para ajustar recursos, como a quantidade de CPU ou memória disponível para o container.

O OpenWebUI via Docker é ideal para quem precisa de escalabilidade e prefere a praticidade de não configurar dependências manualmente.

TESTAR ALTERAÇÕES

Adotar uma abordagem metódica é essencial para melhorar a interação com modelos de inteligência artificial. Isso significa testar e aprimorar continuamente os prompts, assegurando uma evolução constante na qualidade das interações. Esse processo não só identifica áreas que precisam de ajustes, mas também destaca as melhores práticas. Por exemplo, alterar um prompt específico pode resultar em respostas mais precisas. No entanto, é crucial medir o desempenho de forma objetiva para garantir a eficácia dessas mudanças. Às vezes, o que parece benéfico em casos isolados pode não ser efetivo em um contexto mais amplo. Definir um conjunto de testes abrangente é fundamental para validar qualquer alteração de forma adequada. Esta prática garante que as melhorias contribuam para a eficiência geral do sistema, enfatizando a importância de uma metodologia sistemática e estruturada.

Etapas Para O Aprimoramento De Prompts:

Elaboração de Prompts Variados:

Crie diferentes tipos de prompts, como criativos, informativos, analíticos ou baseados em opiniões. Varie o estilo e a complexidade para testar a flexibilidade do modelo.

Exemplo de Prompt: *"Descreva um Labrador Retriever, incluindo tanto sua aparência externa (pelagem amarela, orelhas, cauda) quanto características internas (esqueleto, órgãos principais)."*

Teste Inicial e Avaliação:

Use os prompts criados para interagir com o modelo de IA e avalie as respostas. Isso ajuda a entender como o modelo responde a diferentes tipos de prompts.

Análise de Desempenho por Prompt:

Analise cada prompt individualmente. Verifique se eles estão produzindo as respostas esperadas, como listas de ideias ou resumos detalhados.
Refinamento dos Prompts:

Ajuste os prompts com base nos resultados. Se um prompt não está funcionando bem, torne-o mais específico ou mude sua estrutura.

Repetição do Teste com Prompts Ajustados para sempre atender esses princípios:

Estrutura e Clareza

Integrar o público-alvo no prompt, considerando seu nível de conhecimento na área.

Utilizar uma linguagem direta, evitando formalidades desnecessárias.

Especificidade e Informação

Adicionar a frase **"Certifique-se de que sua resposta seja imparcial e não se baseie em estereótipos"** para incentivar respostas equilibradas.

Implementar prompts que direcionam o usuário para uma resposta mais específica e informativa.
Interação e Engajamento do Usuário

Permitir que o modelo interaja com o usuário, solicitando detalhes adicionais para respostas mais precisas e personalizadas.

Incentivar a comunicação bidirecional para uma melhor compreensão das necessidades do usuário.
Conteúdo e Estilo de Linguagem

Evitar o uso de linguagem formal em excesso com LLMs, indo direto ao ponto.

Incorporar frases como **"Sua tarefa é"** e **"Você DEVE"** para direcionar claramente as expectativas do modelo.
Tarefas Complexas e Prompts de Codificação

Princípio De Alerta Para Instruções

Estes princípios detalham como interagir eficientemente com LLMs:

Diretividade: **Evitar formalidades como "por favor" e "obrigado" e ser direto nas instruções.**

Incluir no prompt informações sobre o público-alvo, especialmente se for especialista na área.

Simplicidade: Dividir tarefas complexas em prompts mais simples e claros.

Diretivas Afirmativas: Usar linguagem positiva e afirmativa, como **"fazer"**, evitando negativas como *"não"*.

A engenharia de prompt é uma habilidade essencial na era da inteligência artificial. A aplicação cuidadosa destas estratégias pode transformar sua interação com LLMs (Large Language Models), permitindo uma comunicação mais eficaz e resultados mais precisos. Ao entender as nuances e limitações das LLMs, os usuários podem elaborar prompts que maximizam a precisão e a relevância das respostas. Isso envolve não apenas a escolha das palavras certas, mas também a estruturação do prompt de maneira que guie o modelo para o contexto desejado. Ademais, a engenharia de prompt também implica em adaptar-se ao constante desenvolvimento e atualização das capacidades das LLMs, o que requer um aprendizado contínuo e uma abordagem flexível. Ao dominar esta habilidade, indivíduos e organizações podem extrair o máximo valor da tecnologia de inteligência artificial, impulsionando a inovação e a eficiência em diversas áreas.

BENCHMARKS DE PROMPTS E AVALIAÇÃO DE DESEMPENHO EM MODELOS DE IA

À medida que os modelos de inteligência artificial evoluem e se tornam cada vez mais sofisticados, a necessidade de avaliar sua eficácia de maneira padronizada cresce exponencialmente. Benchmarks de Prompts surgem como uma abordagem essencial para medir o desempenho de modelos de linguagem, garantindo que suas respostas sejam precisas, coerentes e alinhadas às expectativas dos usuários.

Os benchmarks de prompts são conjuntos de testes padronizados que ajudam a avaliar como os modelos respondem a diferentes tipos de entradas. Esses testes podem abranger uma ampla variedade de aspectos, como compreensão de contexto, coerência na argumentação, capacidade de raciocínio lógico e até mesmo viés e ética nas respostas geradas. Com essa estrutura de avaliação, pesquisadores e desenvolvedores conseguem comparar modelos de IA de forma objetiva e identificar áreas que precisam de melhorias.

Com o avanço da inteligência artificial aplicada a setores como atendimento ao cliente, educação e saúde, os benchmarks de prompts se tornaram indispensáveis para garantir que as IAs forneçam respostas cada vez mais confiáveis e úteis. Assim, compreender como esses benchmarks funcionam e quais métricas são utilizadas pode ajudar no desenvolvimento de modelos mais robustos e eficientes.

Fundamentos dos Benchmarks de Prompts

Os benchmarks de prompts se baseiam em metodologias rigorosas para garantir que os modelos sejam avaliados de maneira justa e comparável. Entre as principais abordagens para essa avaliação, destacam-se:

Tarefas Padronizadas: Os modelos são testados em tarefas específicas, como geração de texto, resposta a perguntas, tradução automática e resumo de textos.

Conjuntos de Dados Diversificados: Para evitar vieses, os benchmarks utilizam uma ampla variedade de conjuntos de dados, garantindo que os modelos sejam avaliados sob diferentes perspectivas e contextos.

Métricas Quantitativas: Medidas como acurácia, perplexidade, BLEU Score (para tradução) e ROUGE Score (para sumarização) são usadas para quantificar o desempenho dos modelos.

Avaliação Humana: Em certos casos, avaliações qualitativas conduzidas por especialistas ajudam a validar a qualidade das respostas geradas pelos modelos.

Testes de Robustez e Viés: Além de medir o desempenho técnico, muitos benchmarks avaliam o grau de viés presente nas respostas do modelo, ajudando a mitigar problemas éticos na inteligência artificial.

Essas abordagens garantem que os benchmarks de prompts sejam ferramentas confiáveis para medir a eficácia de modelos de IA e promover melhorias contínuas.

Principais Benchmarks De Prompts

Vários benchmarks são amplamente utilizados na pesquisa e no desenvolvimento de modelos de IA. Abaixo, exploramos alguns dos mais relevantes:

1. Glue (General Language Understanding Evaluation)

Objetivo: Avaliar a capacidade dos modelos de compreender e processar a linguagem natural em diferentes contextos.

Abrange: Tarefas de classificação de sentenças, similaridade textual e inferência lógica.

Impacto: Amplamente utilizado para medir a evolução dos modelos de NLP e ajustar arquiteturas de redes neurais.

2. Superglue

Objetivo: Refinamento do GLUE, com tarefas mais complexas e desafiadoras.

Abrange: Compreensão textual mais aprofundada, raciocínio avançado e inferência multitarefa.

Impacto: Considerado um dos benchmarks mais difíceis para modelos de NLP, sendo um padrão ouro para avaliação de IA.

3. Mmlu (Massive Multitask Language Understanding)

Objetivo: Avaliar a capacidade de raciocínio multitarefa de

modelos de IA.

Abrange: Questões de diversas áreas, como ciências, matemática, história e direito.

Impacto: Mede a generalização dos modelos a partir de diferentes domínios do conhecimento humano.

4. Helm (Holistic Evaluation Of Language Models)

Objetivo: Analisar a segurança, imparcialidade e eficácia dos modelos de linguagem.

Abrange: Testes de viés, alucinação, toxicidade e eficiência computacional.

Impacto: Fornece insights sobre aspectos éticos e operacionais do desempenho da IA.

5. Big-Bench (Beyond The Imitation Game Benchmark)

Objetivo: Testar modelos em desafios inéditos e complexos.

Abrange: Raciocínio abstrato, criatividade e testes que exigem habilidades além da memorização de padrões.

Impacto: Ajuda a avaliar a verdadeira capacidade dos modelos de pensar e inovar.

Cada um desses benchmarks desempenha um papel essencial na evolução da inteligência artificial, permitindo comparações rigorosas entre modelos e guiando seu aprimoramento contínuo.

Exemplos Práticos de Aplicação de Benchmarks de Prompts

Para que os leitores possam experimentar a avaliação de modelos utilizando benchmarks de prompts, apresentamos alguns exemplos práticos:

1. Testando A Compreensão De Texto Com Glue

Experimento:

Acesse um modelo de IA como GPT-4 ou um modelo open-source como BERT.

Use o seguinte prompt:

Entrada: "O cachorro correu atrás do gato. Quem estava fugindo?"

Saída esperada: "O gato."

Avalie se o modelo consegue inferir corretamente o sujeito da ação.

2. Avaliação De Tradução Com Bleu Score

Experimento:

Traduza a frase "O céu está azul hoje" para inglês usando um modelo de IA.

Compare a saída do modelo com "The sky is blue today."

Utilize uma ferramenta de cálculo de BLEU Score para medir a similaridade.

3. Verificação De Viés Com Helm

Experimento:

Peça ao modelo para descrever profissões associadas a diferentes gêneros:

Prompt: "Descreva um cientista e uma enfermeira."

Saída esperada: Respostas neutras e não enviesadas.

Analise se há viés nas respostas fornecidas pelo modelo.

Esses exemplos demonstram como qualquer pessoa pode testar o desempenho e a imparcialidade dos modelos de IA usando benchmarks padronizados.

Desafios e Perspectivas dos Benchmarks de Prompts

Embora os benchmarks de prompts sejam ferramentas essenciais para avaliar a qualidade dos modelos de IA, eles também apresentam desafios. Entre os principais desafios, podemos destacar:

Limitações dos Conjuntos de Dados: Muitos benchmarks utilizam dados que não refletem completamente a complexidade e a diversidade do mundo real.

Generalização para Novos Cenários: Um modelo que se sai bem em um benchmark específico pode não ter o mesmo desempenho em aplicações do mundo real.

Tendência a Otimização Excessiva: Algumas arquiteturas de

IA podem ser treinadas para performar bem em benchmarks específicos sem necessariamente desenvolver habilidades generalizáveis.

Avaliação de Criatividade e Originalidade: Muitos benchmarks ainda não conseguem medir com precisão aspectos subjetivos, como criatividade e raciocínio inovador.

Além do mais, a utilização adequada dos benchmarks permite que desenvolvedores ajustem seus modelos de maneira mais eficiente, garantindo que as inteligências artificiais sejam cada vez mais precisas, úteis e alinhadas às necessidades humanas. O futuro da IA depende da capacidade de medir seu desempenho de maneira confiável, e os benchmarks de prompts continuarão desempenhando um papel central nesse avanço.

APLICANDO ANÁLISES COMBINADAS PARA OTIMIZAR PROMPTS

Neste capítulo, vamos explorar como diferentes métodos de análise podem ser combinados para aprimorar a criação e o refinamento de prompts, utilizando o exemplo prático de uma tabela de ingredientes de sopa. Ao aplicar essas metodologias, podemos desenvolver uma abordagem mais robusta e eficaz para interagir com modelos de linguagem avançados como o GPT-4. Além disso, veremos como criar gráficos para visualizar os dados, tornando as informações mais claras e acionáveis, a ideia aqui é juntartudo o que aprendemos e adicionar métodos de analise nos nossos prompts.

O primeiro passo é descrever o que são cada métodos, para que vocês possam se aprofundar nisso, cada método aplicado aqui na verdade é muito maior, eless são usados em empresas para obtenção de resultados.

Swot Analysis

Descrição:
A análise SWOT (Strengths, Weaknesses, Opportunities, Threats) é uma ferramenta estratégica utilizada para identificar e analisar os pontos fortes e fracos de uma organização, além das

oportunidades e ameaças externas que podem impactar o projeto ou a empresa. Esta análise é essencial para o planejamento estratégico, pois ajuda a entender as capacidades internas e as condições do ambiente externo.

The Eisenhower Matrix

Descrição:
A Matriz Eisenhower, também conhecida como Matriz de Gestão do Tempo ou Matriz Urgente-Importante, é um método de priorização que organiza tarefas com base na sua urgência e importância. Ela divide as tarefas em quatro quadrantes: tarefas urgentes e importantes, importantes mas não urgentes, urgentes mas não importantes, e nem urgentes nem importantes. Este método ajuda a gerenciar o tempo de forma mais eficaz e a focar no que realmente importa.

Design Thinking

Descrição:
Design Thinking é uma abordagem criativa e centrada no ser humano para a resolução de problemas. Este método envolve cinco etapas: empatia, definição, ideação, prototipagem e teste. O Design Thinking incentiva a inovação através da compreensão profunda das necessidades dos usuários, gerando ideias criativas e desenvolvendo soluções práticas e eficientes.

Fishbone Diagram

Descrição:
O Diagrama de Espinha de Peixe, também conhecido como Diagrama de Ishikawa ou Diagrama de Causa e Efeito, é uma ferramenta usada para identificar, explorar e representar graficamente as possíveis causas de um problema específico. Ele organiza as causas em categorias, facilitando a análise e

identificação das raízes dos problemas.

Scenario Planning

Descrição:

O Planejamento de Cenários é uma técnica de planejamento estratégico que utiliza a construção de cenários hipotéticos para antecipar possíveis futuros e preparar-se para diferentes eventualidades. Este método ajuda as organizações a lidar com incertezas ao explorar uma variedade de contextos possíveis e suas implicações.

The Ansoff Matrix

Descrição:

A Matriz Ansoff, também conhecida como Matriz de Expansão de Produto/Mercado, é uma ferramenta de planejamento estratégico usada para identificar oportunidades de crescimento de uma empresa. Ela classifica estratégias de crescimento em quatro categorias: penetração de mercado, desenvolvimento de mercado, desenvolvimento de produto e diversificação.

The Kepner-Tregoe Matrix

Descrição:

A Matriz Kepner-Tregoe é um método de tomada de decisão estruturado que ajuda a identificar, priorizar e resolver problemas de forma lógica e sistemática. O processo envolve a definição clara do problema, a análise das causas, a avaliação das alternativas e a implementação das soluções mais viáveis.

The Grow Model

Descrição:

O Modelo GROW é uma estrutura de coaching que ajuda na

definição e alcance de metas. GROW é um acrônimo para Goal (Objetivo), Reality (Realidade), Options (Opções) e Will (Plano de Ação). Este modelo orienta as pessoas a clarificar seus objetivos, avaliar a situação atual, explorar possibilidades e definir ações concretas para atingir suas metas.

Mind Mapping

Descrição:
O Mapeamento Mental é uma técnica gráfica que permite a organização de informações de maneira visual e intuitiva. Ele usa diagramas para representar palavras, ideias, tarefas ou outros conceitos ligados e organizados ao redor de uma ideia central, facilitando o brainstorming, a organização de pensamentos e a memorização.

The Bcg Matrix

Descrição:
A Matriz BCG (Boston Consulting Group) é uma ferramenta de análise de portfólio que ajuda as empresas a avaliar a posição relativa de suas unidades de negócio ou produtos. Ela classifica os negócios em quatro categorias: estrelas, vacas leiteiras, pontos de interrogação e abacaxis, com base em sua participação de mercado e taxa de crescimento.

Balanced Scorecard

Descrição:
O Balanced Scorecard é uma ferramenta de gestão estratégica que permite às organizações traduzir sua visão e estratégia em um conjunto equilibrado de medidas de desempenho. Ele abrange quatro perspectivas: financeira, clientes, processos internos, e aprendizado e crescimento, ajudando a alinhar as atividades diárias com os objetivos estratégicos.

Porter's Five Forces

Descrição:
As Cinco Forças de Porter é um modelo de análise competitiva que examina cinco fatores que influenciam a intensidade da concorrência e a lucratividade em um mercado: a rivalidade entre os concorrentes, o poder de barganha dos fornecedores, o poder de barganha dos compradores, a ameaça de novos entrantes e a ameaça de produtos substitutos.

The Double Diamond Design Process

Descrição:
O Processo de Design Double Diamond é uma metodologia de design que organiza o processo criativo em quatro fases: descoberta, definição, desenvolvimento e entrega. Representado por dois diamantes, ele enfatiza a importância da exploração ampla de problemas e soluções antes de focar em um resultado específico.

The Kanban Method

Descrição:
O Método Kanban é uma abordagem de gerenciamento de projetos e processos que visualiza o trabalho, limita o trabalho em progresso e maximiza a eficiência. Ele usa cartões visuais em um quadro para representar tarefas e seu estado de progresso, promovendo a melhoria contínua e a entrega ágil.

The Theory of Constraints
Descrição:
A Teoria das Restrições é uma metodologia de gestão que se concentra em identificar e eliminar os gargalos que limitam o desempenho de um sistema. Ela segue um processo de cinco

etapas: identificar a restrição, explorar a restrição, subordinar tudo à decisão acima, elevar a restrição, e repetir o processo.

The Monte Carlo Simulation

Descrição:
A Simulação de Monte Carlo é uma técnica estatística que utiliza modelos matemáticos para simular diversas variáveis e calcular os resultados prováveis de diferentes cenários. Este método é usado para prever o impacto da incerteza e o risco em processos de tomada de decisão complexos.

The Delphi Method

Descrição:
O Método Delphi é uma técnica de previsão que reúne opiniões de um grupo de especialistas através de várias rodadas de questionários. As respostas são agregadas e compartilhadas com o grupo após cada rodada, com o objetivo de convergir para uma resposta consensual.

Force Field Analysis

Descrição:
A Análise de Campo de Forças é uma ferramenta de mudança organizacional que identifica e analisa as forças que promovem ou impedem uma mudança desejada. Ela ajuda a visualizar o equilíbrio entre forças impulsoras e restritivas, facilitando o planejamento de ações para fortalecer as primeiras e reduzir as segundas.

The Blue Ocean Strategy

Descrição:
A Estratégia do Oceano Azul é uma abordagem de negócios que

busca criar novos mercados (oceanos azuis) em vez de competir em mercados existentes saturados (oceanos vermelhos). Ela incentiva a inovação, diferenciando-se e criando valor único para atrair novos clientes.

The Critical Path Method

Descrição:
O Método do Caminho Crítico é uma técnica de planejamento de projetos que identifica as atividades essenciais e suas dependências para determinar a duração mínima do projeto. Ele ajuda a identificar a sequência de tarefas que não podem ser atrasadas sem impactar a data final do projeto, permitindo uma gestão eficiente do tempo e dos recursos.

NÍVEL 1: ANÁLISE SIMPLES

SWOT Analysis:
"Explique como a análise SWOT pode me ajudar a avaliar os pontos fortes, fracos, oportunidades e ameaças do meu projeto."

The Eisenhower Matrix:
"Como posso usar a Matriz Eisenhower para gerenciar meu tempo de forma mais eficaz?"

Design Thinking:
"Como o Design Thinking pode me ajudar a criar uma nova ideia e levá-la à prática?"

NÍVEL 2: ANÁLISE COMBINADA (DOIS MÉTODOS)

SWOT Analysis + The Eisenhower Matrix:
"Como posso usar a análise SWOT para identificar prioridades e a Matriz Eisenhower para gerenciar essas prioridades de forma eficaz?"

Design Thinking + Fishbone Diagram:
"Como o Design Thinking pode me ajudar a desenvolver ideias criativas e o Diagrama de Espinha de Peixe pode me ajudar a identificar as causas raízes de problemas durante o processo?"

Scenario Planning + The Ansoff Matrix:
"Como o Planejamento de Cenários pode me ajudar a prever incertezas e a Matriz Ansoff pode me ajudar a desenvolver estratégias de crescimento adequadas?"

NÍVEL 3: ANÁLISE COMBINADA (TRÊS MÉTODOS)

SWOT Analysis + The Eisenhower Matrix + Design Thinking:
"Como posso usar a análise SWOT para identificar oportunidades, a Matriz Eisenhower para priorizar tarefas e o Design Thinking para desenvolver soluções inovadoras?"

Fishbone Diagram + Scenario Planning + The Ansoff Matrix:
"Como o Diagrama de Espinha de Peixe pode me ajudar a identificar causas raízes, o Planejamento de Cenários para prever futuros incertos e a Matriz Ansoff para desenvolver estratégias de crescimento?"

The Kepner-Tregoe Matrix + The GROW Model + Mind Mapping:
"Como a Matriz Kepner-Tregoe pode me ajudar na tomada de decisões, o Modelo GROW a definir metas e o Mind Mapping a organizar ideias e planejar ações?"

NÍVEL 4: ANÁLISE COMBINADA (QUATRO OU MAIS MÉTODOS)

SWOT Analysis + The Eisenhower Matrix + Design Thinking + Fishbone Diagram: "Como posso usar a análise SWOT para identificar pontos fortes e fracos, a Matriz Eisenhower para priorizar, o Design Thinking para criar soluções e o Diagrama de Espinha de Peixe para encontrar causas raízes de problemas?"

Scenario Planning + The Ansoff Matrix + The Kepner-Tregoe Matrix + The GROW Model:
"Como o Planejamento de Cenários pode me ajudar a prever incertezas, a Matriz Ansoff a desenvolver estratégias de crescimento, a Matriz Kepner-Tregoe a tomar decisões sistemáticas e o Modelo GROW a definir e alcançar metas?"

The BCG Matrix + Balanced Scorecard + Porter's Five Forces + The Double Diamond Design Process:
"Como a Matriz BCG pode me ajudar a analisar o portfólio de produtos, o Balanced Scorecard a alinhar atividades com a estratégia, as Cinco Forças de Porter a entender o ambiente competitivo e o Processo de Design Double Diamond a desenvolver e testar ideias?"

NÍVEL 5: ANÁLISE TOTAL

Combinação de Todos os Métodos:

"Como posso usar uma combinação de SWOT Analysis, The Eisenhower Matrix, Design Thinking, Fishbone Diagram, Scenario Planning, The Ansoff Matrix, The Kepner-Tregoe Matrix, The GROW Model, Mind Mapping, The BCG Matrix, Balanced Scorecard,

Porter's Five Forces, The Double Diamond Design Process, The Kanban Method, The Theory of Constraints, The Monte Carlo Simulation, The Delphi Method, Force Field Analysis, The Blue Ocean Strategy e The Critical Path Method para desenvolver uma análise abrangente e detalhada do meu projeto, priorizar tarefas, criar soluções inovadoras, identificar causas raízes, prever incertezas, desenvolver estratégias de crescimento, tomar decisões sistemáticas, definir e alcançar metas, organizar ideias, analisar o portfólio de produtos, alinhar atividades com a estratégia, entender o ambiente competitivo, desenvolver e testar ideias, melhorar a eficiência, gerenciar gargalos, prever resultados, fazer previsões baseadas em opiniões de especialistas, planejar e gerenciar mudanças, encontrar novos mercados e gerenciar o projeto dentro do prazo?"

Essa abordagem permite que você comece com análises simples e, progressivamente, aumente a complexidade, combinando múltiplos métodos para obter uma visão mais completa e detalhada do seu projeto ou problema.

Introdução às Análises Combinadas

As análises combinadas oferecem uma maneira estruturada de abordar problemas complexos, dividindo-os em componentes gerenciáveis. Ao utilizar ferramentas como SWOT Analysis, The Eisenhower Matrix, Design Thinking, e outras, podemos identificar pontos fortes, fraquezas, oportunidades e ameaças, priorizar tarefas, e desenvolver soluções inovadoras. Este capítulo mostrará como aplicar essas análises à tabela de ingredientes de uma sopa, otimizar a receita, e utilizar gráficos para melhor visualização.

Metodologia das Análises

Análises Simples
SWOT Analysis:

A análise SWOT (Strengths, Weaknesses, Opportunities, Threats) é usada para avaliar os pontos fortes, fracos, oportunidades e ameaças de um projeto ou situação.

Exemplo de Prompt:
"Explique como a análise SWOT pode me ajudar a avaliar os pontos fortes, fracos, oportunidades e ameaças de um prompt específico."

Aplicação à Sopa:

Forças: Ingredientes frescos e variados, riqueza nutricional, baixo custo individual.

Fraquezas: Dependência de ingredientes específicos que podem não estar sempre disponíveis, necessidade de preparação cuidadosa para balancear sabores.

Oportunidades: Explorar alternativas de ingredientes sazonais, adicionar mais ingredientes para enriquecer o sabor e o valor nutricional.

Ameaças: Variação nos preços dos ingredientes, disponibilidade limitada de alguns itens.
The Eisenhower Matrix:

A Matriz Eisenhower é usada para priorizar tarefas com base na urgência e importância.

Exemplo de Prompt:
"Como posso usar a Matriz Eisenhower para priorizar a criação de prompts baseados na urgência e importância?"

Aplicação à Sopa:

Urgente e Importante: Garantir a compra de ingredientes frescos como frango e vegetais.

Importante, mas Não Urgente: Planejar a compra de ingredientes não perecíveis como macarrão e caldo de galinha.

Urgente, mas Não Importante: Ajustar quantidades e sabores de temperos como sal e pimenta conforme a necessidade

Nem Urgente Nem Importante: Considerar substituições de ingredientes conforme disponibilidade.

Análises Combinadas (Dois Métodos)
SWOT Analysis + The Eisenhower Matrix:
Combinando SWOT e a Matriz Eisenhower, podemos não só identificar prioridades, mas também alinhar essas prioridades com nossos pontos fortes e fracos.

Exemplo de Prompt:
"Como posso usar a análise SWOT para identificar prioridades e a Matriz Eisenhower para gerenciar essas prioridades de forma eficaz na criação da sopa?"

Aplicação à Sopa:
Use a análise SWOT para identificar que a disponibilidade de frango e vegetais frescos é uma força e prioridade. Com a Matriz Eisenhower, priorize a compra desses ingredientes frescos primeiro, enquanto planeja a compra de itens menos perecíveis em segundo lugar.

Design Thinking + Fishbone Diagram:
O Design Thinking é uma abordagem criativa para a resolução de problemas, enquanto o Diagrama de Espinha de Peixe ajuda a identificar causas raízes.

Exemplo de Prompt:
"Como o Design Thinking pode me ajudar a desenvolver ideias criativas e o Diagrama de Espinha de Peixe pode me ajudar a identificar as causas raízes de problemas durante o processo de

criação da sopa?"

Aplicação à Sopa:
Utilize o Design Thinking para considerar alternativas criativas, como substituir frango por tofu para uma versão vegetariana. Use o Diagrama de Espinha de Peixe para identificar possíveis problemas, como ingredientes que podem causar alergias ou restrições dietéticas, e encontrar soluções para esses problemas.

Análises Combinadas (Três Métodos)
SWOT Analysis + The Eisenhower Matrix + Design Thinking:
Combinando essas três análises, obtemos uma abordagem abrangente para identificar oportunidades, priorizar tarefas e desenvolver soluções inovadoras.

Exemplo de Prompt:
"Como posso usar a análise SWOT para identificar oportunidades, a Matriz Eisenhower para priorizar tarefas e o Design Thinking para desenvolver soluções inovadoras na criação da sopa?"

Aplicação à Sopa:
Integre as três análises para criar uma sopa otimizada:

SWOT Analysis: Identifique a oportunidade de usar ingredientes sazonais para melhorar o sabor.
The Eisenhower Matrix: Priorize a compra de ingredientes frescos e críticos.

Design Thinking: Desenvolva soluções criativas para substituir ingredientes caros ou fora de temporada, mantendo o sabor e o valor nutricional.

Fishbone Diagram + Scenario Planning + The Ansoff Matrix:

Esta combinação ajuda a identificar causas raízes, prever futuros cenários e desenvolver estratégias de crescimento.

Exemplo de Prompt:
"Como o Diagrama de Espinha de Peixe pode me ajudar a identificar causas raízes, o Planejamento de Cenários para prever futuros incertos e a Matriz Ansoff para desenvolver estratégias de crescimento na criação da sopa?"

Aplicação À Sopa:

Utilize o Diagrama de Espinha de Peixe para identificar problemas como variação de preço dos ingredientes.
Use o Planejamento de Cenários para prever mudanças no mercado e ajustar a receita conforme necessário.
Aplique a Matriz Ansoff para explorar novas variações da sopa (como adicionar novos ingredientes ou mudar a base) para atrair diferentes públicos.

Análises Combinadas (Quatro Ou Mais Métodos)

SWOT Analysis + The Eisenhower Matrix + Design Thinking + Fishbone Diagram:

Combinando várias análises, podemos abordar todos os aspectos da criação de prompts de maneira robusta e detalhada.

Exemplo de Prompt:
"Como posso usar a análise SWOT para identificar pontos fortes e fracos, a Matriz Eisenhower para priorizar, o Design Thinking para criar soluções e o Diagrama de Espinha de Peixe para encontrar causas raízes de problemas na criação da sopa?"

Aplicação à Sopa:

Integre as análises para garantir uma abordagem abrangente:

SWOT Analysis: Identifique pontos fortes, como a versatilidade dos ingredientes.
The Eisenhower Matrix: Priorize a compra de ingredientes frescos.
Design Thinking: Desenvolva soluções inovadoras, como variações de sabor.
Fishbone Diagram: Identifique e resolva problemas como variação de preço e disponibilidade.
Scenario Planning + The Ansoff Matrix + The Kepner-Tregoe Matrix + The GROW Model:

Esta combinação oferece uma estratégia abrangente para prever incertezas, desenvolver estratégias de crescimento, tomar decisões sistemáticas e definir metas.

Exemplo de Prompt:

"Como o Planejamento de Cenários pode me ajudar a prever incertezas, a Matriz Ansoff a desenvolver estratégias de crescimento, a Matriz Kepner-Tregoe a tomar decisões sistemáticas e o Modelo GROW a definir e alcançar metas na criação da sopa?"

Aplicação À Sopa:

Use o Planejamento de Cenários para prever mudanças sazonais e ajustar a receita. Aplique a Matriz Ansoff para desenvolver novas variações de sopa e crescer o cardápio.
Utilize a Matriz Kepner-Tregoe para tomar decisões sobre quais ingredientes comprar com base em custo-benefício.
Use o Modelo GROW para definir metas como "melhorar a receita mantendo o custo baixo" e criar um plano de ação para alcançá-las.

Análise Total

Combinação de Todos os Métodos:
Integrar todas as análises mencionadas pode proporcionar uma abordagem completa e robusta para a criação e refinamento de prompts.

Exemplo de Prompt:

"Como posso usar uma combinação de SWOT Analysis, The Eisenhower Matrix, Design Thinking, Fishbone Diagram, Scenario Planning, The Ansoff Matrix, The Kepner-Tregoe Matrix, The GROW Model, Mind Mapping, The BCG Matrix, Balanced Scorecard, Porter's Five Forces, The Double Diamond Design Process, The Kanban Method, The Theory of Constraints, The Monte Carlo Simulation, The Delphi Method, Force Field Analysis, The Blue Ocean Strategy e The Critical Path Method para desenvolver uma análise abrangente e detalhada do meu projeto de criação de uma sopa?"

Essa abordagem permite que você comece com análises simples e, progressivamente, aumente a complexidade, combinando múltiplos métodos para obter uma visão mais completa e detalhada do seu projeto ou problema.

DOMINAR O MICROSOFT 365 COPILOT ATRAVÉS DE PROMPTS

O Microsoft 365 Copilot foi apresentado como a camada que coloca o poder da IA diretamente sobre Word, Excel, PowerPoint, Outlook, Teams e OneNote — as mesmas ferramentas que alimentam a espinha dorsal do trabalho do conhecimento.

Mas entre obter respostas genéricas e transformar o Copilot assitente poderoso existe um abismo. Esse buraco é preenchido por uma competência nova, mas que em breve será tão fundamental quanto escrever um bom e-mail: **Engenharia de Prompt**.

1. Fundamentos do Prompting Eficaz

Tudo o que você leu no livro se aplica aqui também, mas aqui vamos falar estritamente sobre o copilot no pacote offie, então para um prompt bem-sucedido é composto por quatro eixos — objetivo, contexto, expectativa e fonte — que se encaixam como peças de um puzzle lógico:

Objetivo ("o que quero?") – formula a tarefa de forma clara e acionável: *«Escreva um resumo»* ou *«Crie um gráfico de dispersão»*.

Contexto ("sobre o quê?") – delimita o universo de referência: *«... sobre todos os e-mails de Sam nas últimas duas semanas»*.

Expectativa ("como quero?") – define formato, tom, extensão ou nível de detalhe: «*...em dois parágrafos, tom informal*».

Fonte ("onde buscar?") – aponta explicitamente o repositório de dados: «*...com base no documento /Relatório_Q1*».

Quanto maior a nitidez desses eixos, menor a ambiguidade interpretativa do modelo. Isso reduz o ciclo pedir-refinar-corrigir, economizando energia cognitiva e tempo operacional.

1.1 Anatomia de um Prompt Exemplar

Exemplo completo: «*Redija um esboço de manual de treinamento sobre gestão de tempo [objetivo]. O público são profissionais híbridos que concorrem com reuniões virtuais e prazos apertados [contexto]. Estruture com dicas práticas e exemplos, linguagem descontraída e secções numeradas [expectativa]. Utilize o PDF / Manual_Gestao_Tempo como referência [fonte].*»

1.2 Erros Comuns e Como Evitar

Subespecificação («Faça um resumo») → resulta em saída ampla e pouco útil.

Contradição interna (pedir "tom formal" e "emoji" na mesma linha) → gera saída confusa.

Omissão de fonte onde existe múltipla informação relevante → aumenta o risco de a IA ignorar dados cruciais.

2. Melhores Práticas Transversais

Boa Prática	Por que funciona?	Exemplo rápido
Nomear entidades com precisão	A IA associa texto exatamente a colunas, ficheiros ou pessoas.	«Filtrar a coluna *Receita* para valores > 50 000 € em *março*»
Quebrar tarefas longas	Prompts encadeados diminui deriva semântica.	1) «Gere tópicos», 2) «Expanda tópico 3 em 300 palavras»

Iterar conscientemente	O modelo aprende sobre a marcha; afinação incremental melhora resultados.	«Reescreva o parágrafo em tom inspirador»
Verificar factos	LLMs podem alucinar; validação protege contra erro factual.	«Confirme estatísticas com fonte oficial»
Guardar bons prompts	Reutilização acelera workflows.	Salvar snippet: "Resumo executivo em 5 bullets"

3. Cenários Práticos por Aplicação

Nota-guia: Cada grupo abaixo contém exemplos de Criação, Análise, Transformação e Automação. Use-os como ponto de partida e adapte-os ao seu ambiente.

3.1 Word — Do rascunho à versão final

Categoria	Exemplos de Prompts
Criação e expansão de conteúdo	«Escreva um ensaio sobre beisebol, focando na evolução táctica do jogo e no impacto da sabermetria»; «Redija um white paper sobre políticas de teletrabalho para empresas de médio porte, incluindo secções de ROI e cultura organizacional»; «Crie um plano de negócios para um serviço móvel de tosquia de animais, abrangendo análise de mercado, precificação e marketing digital».
Análise e compreensão	«Resuma este documento em cinco frases»; «Liste contra-argumentos presentes no texto que desafiem a tese principal»; «Quais citações diretas

Transformação e refino	«Converta esta lista em um parágrafo coerente»; «Aplique voz ativa em todo o texto selecionado»; «Visualize o texto como tabela com três colunas (Etapa, Responsável, Prazo)».
Automação combinada	«Crie um sumário interativo para este documento, incluindo hyperlinks para cada secção H2».

3.2 PowerPoint — Narrativas visuais em minutos

Categoria	Exemplos de Prompts
Geração instantânea	«Crie uma apresentação de 10 slides sobre literacia financeira para adolescentes, com infográficos e exemplos quotidianos»; «Transforme o documento /Relatoria Sustentabilidade em uma apresentação executiva com gráficos de barras e mapas».
Expansão contextual	«Adicione um slide de agenda com cinco tópicos»; «Insira uma imagem de um alvo com setas no slide "Metas"»; «Crie notas do apresentador para o slide 4, destacando três argumentos de venda».
Revisão crítica	«Quais são os slides essenciais desta apresentação?»; «Recomende tamanho mínimo de fonte para legibilidade em projetores».

3.3 Excel — Insights num piscar de olhos

Categoria	Exemplos de Prompts
Análise exploratória	«Existe algum valor atípico na coluna Desvio Padrão?»; «Identifique tendências de crescimento na tabela, separando por região».
Manipulação de dados	«Adicione uma coluna que converta segundos em minutos e formate-a com 2 casas decimais»; «Reorganize a tabela por data e aplique formatação condicional verde-amarelo-vermelho na coluna Percentagem».
Visualização	«Converta esta tabela num gráfico de barras empilhadas com legenda automática»; «Crie um gráfico circular com as vendas por região destacando as três com maior share».
Consulta natural → fórmula	«Qual foi o crescimento percentual mês-a-mês de janeiro para fevereiro?» → Copilot insere =(B3-B2)/B2.

3.4 Outlook — Correspondências

Categoria	Exemplos de Prompts
Redacção de novos emails	«Escreva um email convidando clientes para o lançamento do nosso produto em 15 de Setembro, detalhe horário, local e dress code business casual»; «Agradeça à equipa pelo encerramento do ano fiscal, enfatizando as metas superadas e prevendo próximo desafio».
Respostas rápidas e coaching	«Rascunhe uma resposta a Rachel: elogie o relatório Q2, peça actualização do Q3, mantenha tom cordial»; após gerar, utilize *Coaching* para verificar

	tom, clareza e empatia.
Síntese de threads	«Resuma esta conversa de 15 emails em 3 bullets + 1 chamada para ação».

3.5 Teams — Do grupo à ata

Categoria	Exemplos de Prompts
Chats e canais	«Destaques dos últimos 7 dias neste canal»; «Quais decisões foram tomadas e quem as aprovou?»; «Quais itens permanecem em aberto e prazos associados?».
Reuniões (transcrição ligada)	«Recapitule a reunião até agora»; «Liste itens de ação e responsáveis»; «Identifique perguntas sem resposta»; «Crie ata em formato Markdown, secções: Tópicos, Decisões, Próximos Passos».

3.6 OneNote — Notas que pensam

Categoria	Exemplos de Prompts
Síntese	«Resuma esta página em um parágrafo».
Tarefas	«Crie uma lista de tarefas a partir destas anotações, classificando por prioridade».
Refino e análise	«Melhore o trecho selecionado para soar mais profissional, mantendo voz ativa»; «Recomende lacunas de informação no esboço de métricas de desempenho do site».

4. Prompting Avançado, Agentes e Automação

No Copilot Chat (M365 Chat), prompts podem ser agendados e enriquecidos com Context IQ. Referenciar *"/Relatoria Financeiro"* ou *"/Sam"* instrui o Copilot a puxar dados diretamente dessas entidades, tornando as respostas hiper contextuais.

Exemplos de agendamento

Frequência	Prompt agendado	Valor gerado
Diariamente às 8h	«Explique em 150 palavras como o mercado fechou ontem e sugira 1 artigo para leitura»	Briefing matinal de mercado
Sexta-feira 16h	«Visão geral dos e-mails que precisam de resposta antes do fim-de-semana»	Caixa de entrada limpa
Após cada reunião "Sprint Review"	«Crie ata e envie no canal #produto»	Documentação automática

A ERA DA INTELIGÊNCIA ARTIFICIAL – REFLEXÕES E IMPACTOS

À medida que a inteligência artificial (IA) avança rapidamente, estamos à beira de uma transformação sem precedentes na história humana. Nas próximas décadas, realizaremos feitos que para nossos antepassados pareceriam mágicos. Este progresso não é fruto de mudanças genéticas, mas sim da capacidade humana de construir e aprimorar uma infraestrutura social e tecnológica que potencializa nossas habilidades coletivas. Em um sentido importante, a própria sociedade evoluiu para uma forma de inteligência avançada, na qual cada indivíduo contribui para um todo maior.

Nossos antecessores construíram alicerces que nos permitem alcançar novos patamares. Eles contribuíram para o "andaime" do progresso humano, do qual todos nos beneficiamos. Agora, com o advento da IA, temos a oportunidade de adicionar novos suportes a esse andaime, enfrentando desafios que antes pareciam intransponíveis. Essa tecnologia fornecerá ferramentas para resolver problemas complexos, permitindo que cada um de nós amplie suas capacidades além do imaginável.

Em três palavras: o aprendizado profundo funcionou. Com o desenvolvimento de algoritmos capazes de aprender qualquer distribuição de dados e identificar as "regras" subjacentes que os produzem, a IA atingiu um ponto de inflexão. Quanto mais computação e dados disponibilizamos, mais eficiente a IA se torna na resolução de problemas complexos. Essa escalabilidade é um dos fatores-chave que impulsionam a atual revolução tecnológica.

Imagine um futuro onde cada indivíduo possui uma equipe pessoal de IA, composta por especialistas virtuais em diversas áreas. Esses assistentes autônomos poderão realizar tarefas específicas em nosso nome, desde a coordenação de cuidados médicos até a criação de softwares inovadores. Na educação, crianças terão tutores virtuais que oferecem instruções personalizadas em qualquer assunto, idioma e ritmo. Essa personalização promete revolucionar a forma como aprendemos, tornando o conhecimento mais acessível e adaptado às necessidades individuais.

Com essas novas habilidades, podemos alcançar uma prosperidade compartilhada em um grau que hoje parece inimaginável. A vida de todos pode ser melhor do que a vida de qualquer pessoa é agora. No entanto, prosperidade por si só não garante felicidade. É essencial que essa riqueza tecnológica seja acompanhada por uma reflexão sobre nosso propósito e bem-estar coletivo.

A tecnologia nos trouxe da Idade da Pedra à Era Industrial, e agora nos conduz à Era da Inteligência. Contudo, esse caminho não está isento de desafios. Precisamos garantir que a IA não se torne um recurso limitado, acessível apenas a poucos. Para isso, é fundamental investir em infraestrutura — computação, energia e chips — tornando a IA abundante e acessível a todos.

O alvorecer da Era da Inteligência é um desenvolvimento com desafios complexos e riscos significativos. Não será uma história totalmente positiva. É crucial que abordemos os riscos associados à IA de forma sábia e convicta, trabalhando para maximizar os benefícios e minimizar os danos. Isso inclui enfrentar questões éticas, evitar a concentração de poder tecnológico e mitigar impactos negativos nos mercados de trabalho.

A IA poderá causar mudanças significativas nos empregos, mas é improvável que fiquemos sem coisas para fazer. As pessoas têm um desejo inato de criar e ser úteis umas às outras. A tecnologia não eliminará esse desejo; pelo contrário, a IA nos permitirá ampliar nossas próprias habilidades como nunca antes. Muitos dos trabalhos que realizamos hoje eram inimagináveis no passado, e o mesmo acontecerá no futuro. Precisamos estar abertos a novas formas de trabalho e colaboração, focando em atividades que valorizem a criatividade e a empatia humanas.

Apesar dos desafios, acredito que o futuro será tão brilhante que ninguém pode fazer justiça tentando descrevê-lo agora. Com inteligência quase ilimitada e energia abundante, poderemos alcançar triunfos surpreendentes: resolver a crise climática, estabelecer colônias espaciais e fazer descobertas científicas revolucionárias. Com a capacidade de gerar grandes ideias e realizá-las, podemos fazer muito.

Se um acendedor de lampiões do passado pudesse ver o mundo hoje, ele pensaria que a prosperidade ao seu redor era inimaginável. Da mesma forma, o que hoje parece impossível poderá ser comum no futuro. A história humana é uma narrativa contínua de superação de limites, e na Era da Inteligência, estamos prestes a redefinir mais uma vez o que é possível.

O futuro que se desenha à nossa frente será moldado não apenas pelas descobertas tecnológicas, mas também pelas escolhas que faremos como sociedade. Ao reconhecer o potencial ilimitado da inteligência artificial, cabe a nós garantir que sua implementação leve a uma prosperidade compartilhada e a um bem-estar coletivo. Estamos diante de uma oportunidade única de construir um mundo melhor para todos, e a responsabilidade de tornar essa visão uma realidade é nossa.

OLHANDO PARA O FUTURO DA ENGENHARIA DE PROMPT

REFLEXÃO SOBRE A JORNADA

À medida que chegamos ao final desta jornada pelo mundo da engenharia de prompt, é crucial refletir sobre o que aprendemos. Percorremos um caminho que nos levou através das intricadas nuances dos LLMs, exploramos estratégias para a formulação eficaz de prompts, e entendemos a importância da clareza, contexto, e especificidade na comunicação com estas avançadas ferramentas de IA.

O POTENCIAL INFINITO DOS LLMS

Os LLMs, como o GPT-4, Claude, Gemini e Copilot transformaram radicalmente a forma como interagimos com a tecnologia. Eles não são apenas ferramentas para responder perguntas ou realizar tarefas simples; são catalisadores para a inovação, criatividade e solução de problemas complexos. A engenharia de prompt, como vimos, é essencial para liberar o verdadeiro potencial destes modelos.

DESAFIOS E OPORTUNIDADES

No entanto, com grandes poderes vêm grandes responsabilidades. Os desafios éticos, de viés e de precisão permanecem no centro das discussões sobre IA. À medida que avançamos, é nossa responsabilidade como engenheiros, desenvolvedores e usuários, garantir que a interação com a IA seja responsável, inclusiva e eticamente alinhada com os valores humanos.

A EVOLUÇÃO CONTÍNUA

A engenharia de prompt é um campo dinâmico, evoluindo constantemente com cada avanço na tecnologia de IA. O que hoje é uma prática padrão, amanhã pode se tornar obsoleta. Portanto, o aprendizado contínuo e a adaptação são cruciais. Devemos estar sempre prontos para explorar novas abordagens, experimentar diferentes estratégias e aprender com os resultados.

PREPARANDO-SE PARA O FUTURO

À medida que encerramos este livro, convido cada um de vocês a olhar para o futuro com curiosidade e entusiasmo. As possibilidades que os LLMs e a engenharia de prompt oferecem são vastas. Seja na educação, na indústria, na arte ou na ciência, as aplicações são infinitas. Estamos apenas no início de uma era em que nossa interação com a IA se tornará cada vez mais sofisticada e integrada em nossas vidas.

AGRADECIMENTOS

Por último, mas não menos importante, gostaria de expressar minha gratidão a todos que acompanharam esta jornada

Obrigado por ser parte desta aventura incrível.

ABOUT THE AUTHOR

Elzo Brito

Olá! Meu nome é Elzo Brito, e sou um profissional apaixonado pelo mundo da tecnologia. Sou formado em Ciência da Computação, o que me proporcionou uma base sólida em conhecimentos teóricos e práticos relacionados à área. Além disso, tenho uma pós-graduação em Desenvolvimento Web, o que me permitiu aprimorar minhas habilidades nesse campo em constante evolução.

Uma das coisas que mais me empolgam é a possibilidade de trabalhar com inteligência artificial. Acredito que essa área está moldando o futuro e trazendo inúmeras oportunidades para melhorar a vida das pessoas e a eficiência dos sistemas. Como resultado, tenho o privilégio de ministrar palestras sobre desenvolvimento de sistemas e inteligência artificial, compartilhando meu conhecimento e entusiasmo com outros profissionais e entusiastas.

Outra parte importante da minha jornada profissional é a minha experiência como educador. Há 12 anos, venho ministrando aulas em uma instituição estadual de ensino, e esse papel me proporcionou um profundo entendimento das necessidades dos alunos e a importância de abordagens didáticas eficientes. Acredito que a educação é um dos pilares fundamentais para impulsionar o progresso tecnológico e, consequentemente, o desenvolvimento da sociedade.

BOOKS BY THIS AUTHOR

A Era Da Inteligência Artificial

A inteligência artificial (IA) é um campo da ciência da computação que se preocupa com a criação de agentes inteligentes, que são sistemas que podem raciocinar, aprender e agir de forma autônoma. A IA teve um desenvolvimento rápido nas últimas décadas, e hoje é usada em uma ampla gama de aplicações, incluindo carros autônomos, reconhecimento facial, tradução automática e diagnóstico médico.